JN086555

連合新書
22

ものがたり 現代労働運動史2
1993〜1999

失われた10年の中で

高木郁朗 著

（公社）教育文化協会 協力

明石書店

まえがき

　鉄血宰相とよばれた19世紀のドイツ統一の立役者、オットー・フォン・ビスマルクは、「愚者は経験に学び、賢者は歴史に学ぶ」と言ったそうである。経験と歴史の関係は複雑ではあるが、その違いははっきりしている。前者が個人の体験、あるいはその伝承にとどまるのに対して、後者は、それが一定の社会集団、さらには一国あるいは、世界的なレベルで、客観化され、その集団、国あるいは世界の人びとのあいだで、共通の認識として成立しているもの、と言ってよいであろう。労働組合という集団のなかでも、少なくとも経験だけでなく、経験を超える「歴史」をより重視してほしいものだと思う。

　『ものがたり 現代労働運動史』の第2巻である本書では、1993年に始まる政治面での激動と連合を中心とする労働組合の関係をもっとも重要な基軸としている。第1巻で示したように、連合はその成立以来、労働側の政策実現を促進し、また労働4団体以来の連合組織間の政党をめぐる対立の解消をはかるために、政権交代を可能とする二大政党的な体制の実現をめざしてきた。1993年の細川内閣の成立は、そのための大きな一歩とみられた。

　しかしそのプロセスは約1年で終り、自民、社会、さきがけ3党の連立政権をへて、自民党政権の復権につながってしまう。連合が求めた政権交代システムは、少なくともいったんは、挫折を余儀なくされてしまう。先走っていえば、2009年に成立した民主党政権のかたちで、労働側の思いがもう一度実現するまでには約15年の歳月が必要となった。しかもまた民主党政権は、1993年〜1996年の歴史的体験から学びとるべきものを学ばなかったため、挫折をくりかえすこととなった。

このプロセスに労働組合の活動は責任を果たすことができたのか。本書で15年後までの結論がでているわけではないが、そこで何が問題であったかをぜひ読者に検討してもらいたい。

　本書ではもう一つの基軸がある。それは、あえていうなら、日本の労働者の「貧困化」である。政治の激動とともに、本書の対象としている時期は、「失われた20年」ともよばれる日本経済の失速がはっきり現われた時代であった。「失われた20年」を象徴するいくつかの事実のうちの一つとして、勤労者の家計の実収入をみると、2019年現在、最高を記録したのは1997年であった。それ以降、とくに世帯主の勤め先収入を中心に家計の実収入は大幅に低下した。2010年代には、わずかながら回復の傾向があるとはいえ、1997年段階にはまったく回復していない。

　この時期、平均的にいえば、日本の労働者の生活は、「貧困化」したことになる。1990年代後半の時期には、製造業から金融、卸売・小売業、サービス業に至るまで全体的に進行した不況の影響のもとで、企業は、さまざまなかたちで人減らしを行い、とくに新規採用を圧縮したため、多数の失業者・学卒未就業者といわゆる非正規従業員が急速に増大した。

　結果として、労働者の家計のなかでは、ともかくも現状を維持したグループと、より「貧困化」したグループとのあいだで格差は拡大した。なんとか収入の現状を維持したグループの家計でも不安定度が増大した。本書でとりあつかった1993年から1999年までの時期は、春闘、連合の用語法での春季生活闘争の賃上げの側面では、定期昇給分を除けば、実質的な賃上げは無限にゼロあるいはマイナスにむかう過程であった。

　主要企業において、定期昇給分を除く賃上げが明確にマイナスになるのは、これもまた本書の第3巻の対象となる2002年以降のことであるが、本書の対象時期にはその前段が進行していた。このような「貧困化」のプロセスが本書のもう一つの基軸となっている。こうしたプロセスに労働組合の活動は責任がなかったのか。

この時期に、労働運動に積極的な側面がなかったわけではない。春季生活闘争の政策・制度面では、細川内閣と橋本内閣の2つの時期に、そのあり方にはいくつかの留保条件がつけられなければならないにしても、所得税減税の実現に、連合は大きな役割を果たした。個別の分野でも、ものづくり基本法のように関係する労働組合が主唱者となった。阪神・淡路大震災の際には、大規模で組織的なボランティア活動が組織され、連合の存在感が示された。阪神・淡路大震災をきっかけとする被災者生活再建支援法の成立には、労働組合と協同組合の共働関係も進んだ。組織化の面でも、連合加盟産別と、コミュニティ・ユニオンのようにこの時期にはまだ連合に参加していなかった労働組合の双方で、積極的な試みが進行した。このような積極面については、高い評価が与えられるべきである。

しかし、全体としていえば、労働条件の側面でも、政策・制度の面でも、この時期には、経営者グループがイニシアティブをにぎっていたといわなければならない。日経連が1995年に発表した「新時代の日本的経営」の設計図が、政策・制度面でも、個々の企業の内部でも、着々として進行していった。ここでも問いたい。このプロセスの進行に、連合と連合傘下やその他の労働組合に責任はなかったのか。

本書では、実際に進行した事実関係を通じて、このようないくつかの問いかけを行っている。答えは簡単ではない。かりに責任を果たせなかったのだとすれば、つぎには、それはどのような理由によるのか、というつぎの問いが生まれる。そこまで深めることで、経験は歴史に深化することになるだろう。

本書の成立には、第1巻と同様、聞き取りや資料の提供、先行研究など、故人を含めて多くの方々の協力のおかげをこうむっている。とくにいつものことながら村杉常任理事を中心とし本吉真人氏をはじめ、（公社）教育文化協会の役員・スタッフの方々からの支援がなければ、本書は成立しなかったであろう。にもかかわらず、

完成が予定より大幅に遅れた責任は筆者にあり、お詫びをしなけれ
ばならない。

　2020 年 5 月

高木郁朗

目　次

《第1巻のあらすじ》

1. 1989年11月21日、連合（日本労働組合総連合会）の結成大会が行われた。ここでは「力と政策」を基調とする「連合の進路」や運動方針が満場一致で決定され、多少のいきさつはあったが、山岸章会長（情報労連）、藁科満治会長代行（電機労連）、山田精吾事務局長（ゼンセン同盟）のトロイカをトップリーダーに選出した。同じ時期、連合に対抗する組織として、全労連（全国労働組合総連合）や全労協（全国労働組合連絡協議会）も結成されたが、連合は、組織労働者のなかの圧倒的多数を占めて、労働戦線統一の成果として、日本で労働組合ナショナルセンターとしての地位を確立した。連合への加盟をめぐっては、分裂を経験した産別もあったし、新組織の立ち上げもみられた。こののち、すべての都道府県で地方連合会が設立された。

2. 連合が設立された時期には、世界と日本の双方で大きな歴史的変化が展開していた。「ベルリンの壁」の崩壊が典型的に示すように、東欧諸国の民主化が急速に進展した。このプロセスの最後にはソ連が崩壊して、第二次大戦後を彩ってきた東西対立の時代は終わりをつげた。中国、北朝鮮、ベトナム、キューバでは独裁体制が続いた。中国は、天安門事件を経て、共産党独裁の態勢を維持した。東西対立の終焉のあとにはグローバリゼーションが急速に進展した。日本の国内では、1989年の参議院選挙で、連合候補の大量当選などで、自民党は過半数割れとなり、1955年体制の崩壊が間近に迫っていることが示された。経済面では、1991年にバブルがはじけ、その後、長期にわたる日本経済の停滞が始まった。少子高齢化、

格差の拡大など、社会構造でも、連合が対処しなければならない課題が山積するようになった。

3. 連合とその傘下の産別組織は1990年から春季生活闘争に取り組んだ。春季生活闘争は、賃金引き上げ、労働時間短縮など、労働条件にかかわる諸課題と政策・制度面での課題の2つを重要な柱としていた。労働条件面での主役は産別組織とされ、連合は調整役にあたるとされた。政策・制度面での活動は連合が中心となるものとされた。1990年春闘では、8〜9％の賃上げ、年間総労働時間1800時間の目標を実現するための労働時間短縮闘争などが闘われ、一部にはストが実施された。春闘期間中に経営者団体との会談が恒例化し、ときによって異なるが、政府との会談も行われるようになった。この年の賃上げは、労働省調べで6％弱となった。賃上げ率はその後、年々低下する傾向を示し、結果として1993年には、実質賃金の伸びはマイナスとなった。時短については多くの組合で休日1日増などを実現した。またいくつかの組合では育児休業休暇を実現したが、これはまた政策・制度面での育児休業法実現の活動と連動した。

4. この期間、労働争議は激減していくが、グローバリゼーションの影響を受けた重大な争議がいくつか発生した。争議が減少した反面、ジェンダー差別など、労働問題をめぐる訴訟が多くなった。これらの訴訟には、労働組合が積極的に推進したケースと、無関係であったケースの双方があった。

5. 政治面での活動では、1991年の統一地方選挙、衆議院選挙、1992年の参議院選挙に連合は大きな力を注いだ。しかし、1989年参議院選挙のような大きな成果はあげられなかった。とくにこれらの選挙をつうじて、社会党の凋落は著しかった。連合執行部は、野党の統一のための努力を行ったが、野党内の対立は解消せず、政党との協力関係をめぐって加盟産別間

の対立も解消しなかった。このような対立は、湾岸戦争がは
じまり、PKO 法案の論議が行われるようになるといっそう激
化した。一方、自民党の側では、あいつぐ政治汚職が明るみ
にでて、自民党にかわる政権への期待が有権者のあいだでし
だいに強まってもいた。

6. 連合の国際活動は、国際自由労連を軸として展開された。国
際自由労連は天安門事件に抗議の意を表明し、加盟する各国
の組合に中国との交流を実質的に禁止した。連合は、中国の
戒厳令が撤廃されて以降、国際自由労連に対して交流の復活
をするよう説得した。連合自身も、中国総工会とのトップリ
ーダーレベルの相互訪問を定期的に実施することとなった。

第1章 細川連立政権の成立と挫折

細川内閣の主要メンバー

<!-- 年表 -->

年表

1993.8.9	細川連立内閣成立
10.7	連合第3回定期大会
10.29	新日鉄、7000人削減のリストラ計画。他の多くの企業でも
1994.2.2	国民福祉税構想発表。2.8撤回
3.4	政治改革関連法成立
3.24	94春闘集中回答
4.8	細川首相、辞意表明
4.26	統一会派「改新」結成に反発して社会党、連立から離脱

【概要】

　1993 年には政治は激動した。相次ぐスキャンダルと政治的無能を暴露した自民党政権には国民から批判が高まり、国会では、内閣不信任が自民党内の造反があって可決されて、国会は解散された。選挙の結果、自民党は過半数割れに陥り、7 党 1 会派の連立による細川内閣が成立した。労働運動のなかでは、全労連は、この内閣を自民党亜流と批判したが、連合は積極的に歓迎し、山岸会長らは、連立内閣の成立過程と内閣発足後の政策や人事に影響を与えた。

　連合は細川内閣に対して、小選挙区制を組み込んだ選挙制度の変更を主たる内容とする政治改革と、所得税の減税を強く要求した。このうち、政治改革は、自民党の反対で難航した。ようやく 1994 年になって採決が行われたが、参議院段階で社会党のなかから造反者がでたため、いったんは否決され、土井衆議院議長のあっせんで、細川首相と河野自民党総裁との会談が行われた結果、自民党案に著しく接近する政治改革法案が成立した。

　所得税減税問題は別の大きな問題を発生させた。連合は減税の先行実施を主張していた。これに対して、小沢新生党代表幹事と大蔵省は、減税財源の確保との一体解決を主張していた。細川首相は最初、先行実施に傾いていたが、途中で態度を大蔵省寄りに変えた。この結果提案されたのが国民福祉税方式だった。この提案は連立与党にも連絡がなく、突如行われた。社会党、さきがけなどの各党はこぞって反対して、この提案は撤回された。結果として、連合が要求した所得税減税が先行実施された。

　国民福祉税問題に加えて、細川首相自身の金銭スキャンダルが発覚し、細川内閣は約 1 年で生命を終えた。

　後継内閣には新生党の羽田党首とすることに連立諸党は一致していた。

ところが組閣の段階で、民社党が提案したとされる社会党とさきがけ抜きの統一会派の結成が反発を招き、両党は閣外協力に転じた。連合では細川内閣の成立時のような熱狂的な雰囲気は失われた。当初から短命を運命づけられていた羽田政権は 3 カ月後に総辞職した。

1. 細川内閣の布陣と連合

◇細川連立内閣のスタート

　1993 年 8 月 5 日、第 127 特別国会が召集された。この国会の中心のテーマは、さきの総選挙の結果、自民党が過半数を大きく割り込むという状況のもとで、新しい内閣の成立をはかることだった。選挙後の話合いで、社会党、公明党、新生党、日本新党、民社党、新党さきがけ、社民連の 7 党と院内会派である民改連のあわせて 7 党 1 会派は、政治制度改革など政策の一致にもとづき、日本新党代表の細川護熙を首班として選出することでまとまっていた。1955 年以来、38 年間政権の座にあった自民党は野党となり、いわゆる 55 年体制は崩壊した。その後、1996 年に、自民党は首班の位置に復帰するが、その後を含めて、厳密な意味での単独政権はもはや成立しえなくなった。

　国会開会の翌 6 日、衆参両院議長の選出が行われた。衆議院議長には選挙で惨敗したとはいえ、与党第一党となる社会党から選出するということで、土井たか子・元社会党委員長に決まった。この人事を決めたのは、社会党の田辺誠前委員長、山花貞夫現委員長、小沢一郎新生党幹事長に山岸章連合会長が加わった 4 人の秘密会合での小沢の提案だった。田辺、山花はこの提案に賛成し、山岸は盟友である田辺を議長に推したかったが、小沢提案自体は悪くないと考え沈黙を守った。これで、日本ではじめて女性が三権の 1 つである立法府の長につくこととなった。

　同日、衆参両院で首班指名選挙が行われた。細川が衆院では 262

票、参院では 132 票を獲得して、両院とも一回の投票で首班となった。対立候補の自民党・河野洋平は衆院で 224 票、参院で 93 票だった。1955 年体制の崩壊の瞬間だった。共産党は不破哲三に投票した。衆院では、社会党のなかから造反議員がでて、2 票が同党委員長の山花に投じられた。

　首班指名のあと、細川は新党さきがけの代表・武村正義を官房長官に起用し、閣僚人事に取り組んだが、この人事には実質的には小沢一郎が大きな影響をもっていた。組閣段階では、連合山岸会長の介入がみられた。山岸には、社民連の幹部から、代表の江田五月の入閣を後押しするよう要請されていた。山岸は、小沢に連絡し、小政党ではあるが、1 つの枠を社民連に与えるように伝えた。最初小沢は消極的だったが、最終的には江田は科学技術庁長官に就任することとなった。山岸会長のこのような活動は、隠密行動として行われたこともあり、表向きは連合からの組織的・積極的な支援があったわけでもなかったし、逆に批判がでたわけでもなかった。

　この結果、連合参議院を除く、7 党の党首がすべて閣僚として顔をそろえることとなった。すなわち、首相は日本新党の細川、官房長官は新党さきがけの武村、特命で政治改革を担当する社会党の山花、副総理兼外務大臣となった新生党代表の羽田孜、総務庁長官となった公明党の石田幸四郎、厚生大臣となった民社党の大内啓伍、それに社民連の江田であった。つまり、閣議は同時に連立を構成する各党代表の会議でもあることになった。

　むろん、閣議それ自体は、基本的には、ほとんどは事務方が用意した文書に閣僚が黙々とサインするだけの儀式の場であるから、党首間の意見交換などが行われるわけではない。しかし、細川内閣に各党の党首がこぞって加わったことは重要な意義があるはずだった。やろうと思えば、この布陣で、内閣としての強力な意思決定ができるはずだった。だが、実際はそうはならなかったことはあとでみる。なお、細川内閣の政党別閣僚配分は、社会党 6、新生党 5、

公明党4、民社、さきがけ、社民連各1（日本新党は細川首相）となった。このうち、純粋に労働組合リーダーの経験者といえるのは沖縄全軍労初代委員長をつとめた社会党所属の上原康助で、北海道開発・沖縄開発、国土庁長官に就任した。8月9日、認証式が行われ、細川内閣が正式に発足した。

人物紹介 　**上原康助** （うえはら・こうすけ）

　　　　　1932年沖縄県本部町生まれ。県立北山高等学校卒業。沖縄戦を経験し、戦後は米軍基地従業員になったが、自身も解雇されたこともあり、沖縄県最大の労働組合「全沖縄軍労働組合（全軍労、現在の全駐労沖縄地区本部）」を1961年に結成、28歳で初代委員長に就任し、雇用環境が不安定だった軍雇用員の待遇改善などを求めて米軍と渡り合った。1970年には大争議となった米軍基地労働者の解雇反対闘争を指導した。また、のちに沖縄県知事となる沖縄県教職員会の屋良朝苗会長らとともに祖国復帰運動の中核を担った。本土復帰を前に行われた1970年11月の「沖縄国政参加選挙」に社会党公認で立候補し、38歳で初当選。1993年の細川内閣で国土庁、沖縄開発庁、北海道開発庁の長官に就任した。その後、社会党副委員長、社民党副党首を歴任したが、日米安保条約と、沖縄駐留軍についての政策で、社民党と対立して離党し、民主党へ移った。2000年総選挙で落選、政界を引退した。2012年5月の復帰40年式典では、「（本土）復帰は、県民の思いと大きくかけ離れたものでしかなかった」と式辞を述べ、反響を呼んだ。とつとつと語る沖縄の実情と思い入れには強い説得力があった。2017年没。勲一等旭日大綬章受章。著書に、『道なかば』（琉球新報社、2001年）など。

国会は最初からもめた。細川政権は特別国会を短期に終わらせ、政権としての準備を整えて、早期に臨時国会を開いて所信表明演説などを行うという計画をたてていた。特別国会が10日間という短い会期で設定されていたのもこのためであった。これに対して野党となった自民党は、特別国会で細川新総理の所信表明と各党の代表質問を行うことを強く要求した。与党側もこれに譲歩し、国会会期は8月28日まで延長され、8月23日に衆参両院で、細川首相による所信表明演説が行われた。

　所信表明演説のなかで、細川首相は、政治改革の断行の決意を披瀝したほか、深刻な景気状況に対応して民間活力がより自由に発揮される環境をつくる一方、財政改革を強力に推進すること、国民生活の向上、心の豊かさ、それに社会的公正に配慮すること、国際協調を推進すること、などに言及した。

　これに対する各党の代表質問では、自民党が、日米関係の維持発展など新内閣の外交路線の継承を評価しつつ、安保反対を主張する社会党が閣内にいるのはおかしい、と追及した。一方、共産党は細川内閣が非自民といいつつ、政策的には自民党と変わりがないとの趣旨の主張を展開した。共産党はまた小選挙区制を基軸とする政治改革には反対すると述べた。一方、与党を代表した社会党は、政治改革推進の決意をただすとともに、ほぼ連合の主張に沿ったかたちで景気対策として所得税減税と政策減税の実現を求めた。

◇**新政権と連合**

　総選挙の結果については、連合系各組合が支持または協力関係をもっていた社会党が大きく後退し、党の存亡をかけるとした民社党も2議席の増にとどまったから、連合や連合傘下の組合ではお祭りムードというわけにはいかなかった。たとえば総評センター解散後設立されていた「社会党と連帯する会」は、選挙後の声明のなかで、選挙結果を「社会党の一人負け」とし、その原因は連立政権論

が一人歩きし、主体性が発揮できなかったことにある、とした。ま
だ解散していなかった友愛会議は、民社党の前進を高く評価してい
たが、その反面、日本新党など 3 新党が大きく伸びたことは、国民
の既成政党への大きな批判の結果として厳粛にうけとめなければな
らない、と声明した。連合の声明は、これらの総括よりは選挙結果
に積極的で、連合と協力・協調関係にある政党が議席を減らしたこ
とは残念ではあるとしつつも、「新しい時代の幕開け」と評価して
いた。

　細川政権の成立にあたっては、連合は、8 月 9 日に発表した見解
で、閣僚には、「新鮮なメンバーが揃い、大いに期待できる」とし、
政治改革、不況対策などを中身とする 7 党 1 会派合意の政策を推進
することを求めた。一方、全労連は、8 月 7 日の事務局長談話で、
細川内閣を「非自民党どころか第二自民党ともいうべき政権」とき
めつけ、小選挙区制導入反対などで対決姿勢を明確にしていた。

　特別国会が終了したあとの 9 月 1 日、細川内閣のもとでの最初の
政労会談が行われた。この会談には、連合側から山岸会長、山田事
務局長のほか、8 人の副会長が出席した。政府側からは、細川首相、
武村官房長官、坂口力労働大臣、鳩山由紀夫官房副長官らが出席し
た。会談は 9 時 45 分から約 40 分間にわたった。

　政労会談では、はじめに、連合側から、細川首相に連合が求める
重点政策を列記した「要請書」が手渡された。「要請書」は、その
前文で、前政権とは違った政治改革と生活重視の政策を全面的かつ
早急に実施することを期待するとされ、そのうえで 12 項目の重点
課題が列記されていた。そこでは、抜本的な政治改革の早期実施の
ほか、とくに、所得税減税の年内実施や雇用対策を中心とする当面
の経済運営についての課題が大きな比重を占めていた。このなかで
は、民間の経済活動に対する政府の許認可の規制緩和も含まれてい
た。項目の 1 つとして女性労働力を基幹労働力として位置づけるた
めの措置などを内容とする女性政策も盛りこまれた。介護休業法の

制定も女性政策のなかに位置づけられていた。

　このうち規制緩和に、労働組合のなかでもっとも熱意をもっていたのは、金属労協で、のちの 1994 年 10 月には、通産省、総務庁に対して、67 項目にわたる「規制緩和に関する要請書」を提出した。

　政労会談で、山岸会長は細川首相に対して、政治改革の実現についで、「消費マインドは冷えすぎている。勤労所得減税を年末調整でやってもらいたい」と迫った。山田事務局長も、同様の発言を行った。細川首相は、「所得税減税については財政状況をみると、難しいが、要請は十分に受けとめていきたい」と答えた。山岸は、さらに、「その発言は『連合の主張は理解する。実現に向けてさらに踏みこんだ努力をする』ということでいいか」と追及した。これに対しては、武村官房長官が「しっかりうけたまわったということだ」と補強した。

　山岸はまた日教組と文部省との関係にふれ、日教組委員長と文部大臣の会見の実現を要求した。日教組委員長でもある横山英一副会長も、「文部省が日教組を敵視するのは冷戦時代の遺物だ」と追及した。細川は「私はいつでもお目にかかる」と答えた。そのほか、得本輝人副会長が「現在の円高は行き過ぎだ」としてその是正をせまった。こうした雰囲気で政労会談は終了した。

2. 不況の深化のなかで

◇ゼロ成長へ

　連合と細川政権との会談に色濃く影響を与えていたのは、バブル崩壊以降の経済停滞がいよいよ深刻化したという事態であった。統計上、景気後退は 1991 年 5 月にはじまっていたが、労働市場などにおよぼす影響は 1993 年になっていよいよ本格化していた。1993 年の国内総生産の前年比の伸び率はわずか 0.17% にとどまった。この数値は第一次オイルショック後の 1974 年につぐ低い数値であった。

　このような経済停滞には、さまざまな要因が複合していた。需要の動向をみると、家計の最終消費支出の対前年比の伸び率は0.97%にとどまった。これは、春闘での賃金上昇率が年々低下する一方、高齢化の進展などのなかで将来に備えた貯蓄に一定額を確保するという消費性向の停滞が大きく反映していた。消費マインドが大きく冷え込んでいたのに加えて、この年は日本では例年より1〜2度も低い冷夏であったため、エアコンや夏物衣料など季節商品は軒並み売れ行き不振となった。とくにデパートでは、冷え込んだ消費マインドとも重なって大きな打撃を受けた。そのかわり、低価格をうちだす専門店の売り上げが急上昇した。

　冷夏の影響は、細川内閣が成立した秋以降には米の不作につながった。冷夏により米の生育が極端に悪くなったためだった。平年を100とする作況指数で米どころの東北地方では青森県が28、岩手県が30などとなり、日本全国では74となった。この時期、日本の米需要は約1000万トンであったが、収穫量は800万トンを下回った。秋以降、米屋の店頭から米が消えてしまうといった現象まで現れ、人びとは必死で米をさがして歩いた。農家の方は米による収入が減少してやはり消費需要の減少に拍車をかけた。

コラム　米不足

　1993年の作況指数74という数字は、昭和に入って以降の作況指数では、敗戦の年の1945年の67を除き、最低であった。この大凶作により、9年ぶりにコメを外国から緊急輸入することになり、1993年9月政府は緊急輸入の決定を行った。さらに、国内の世論を大きく二分し激しい議論が交わされてきたコメ市場の開放問題について、1993年12月、日本政府（細川首相）はガット（「関税と貿易に関する一般協定」）のウルグアイ・ラウンドでの「コメの部分開放」を認めた。これは、日本の農政における大激動となった。

　平成の大凶作は、長雨、日照不足、低温、台風、いもち病の発生な

ど、異常気象によるところが大きいが、同じ作況指数の地域でも、取れた農家、田圃とそうでない農家、田圃との差があり、異常気象が不作のすべての原因ではなかった。自主流通米・銘柄米への政策誘導の下、冷害に弱くてもより高く売れる銘柄米作りに走っていたことが不作を拡大し、農業跡継ぎの欠如と高齢化の急速な進展、稲作労働が経済的にペイしないことによる農業労働力の弱体化で、深水管理による低温防止をはじめ手間隙のかかる稲作作業の基本技術を励行できない状況が不作を深刻化させた。大凶作は、自然災害であるとともに、自民党政権による永年の農政の結果であるという意味で人災でもあった。

1993年の緊急輸入量は当初20万トンの予定だったが、のちに日本の米の総需要の20%にあたる250万トンにも達した。内容上も当初加工用が大部分だったが、実際には大部分が主食用となった。輸出国はアメリカ、中国、タイなどであった。

このコメ不足は、1994年3月初めには、米を買い求める長蛇の行列・国産米異常人気・自由米の高騰といった平成コメ騒動を引き起こした。コメ不足などから米価が暴騰し、この米価の暴騰を抑制するため食管法によるコメの需給と価格の安定を求める意見が強まったが、米の販売業者のなかには一攫千金を狙った買いだめや売り惜しみを行う者も出現し、小売店から米が消える現象さえ生じた。輸入米の一部には変色米、カビ米、異物などが発見されたため、国産米への異常人気が起こった。この「平成コメ騒動」は、1994年には一転して猛暑となり、作況指数が109と史上空前の豊作となったため解消した。

日本企業にとって大きな需要項目である輸出は、前年比0.8%の減少となった。実は、前年には貿易黒字は過去最大を記録していた。その背景には、国内需要の伸び悩みがあった。1993年の輸出の減少には、円高が大きく作用していた。対米ドル為替レートは、1992年平均で126.7円であったものが、1993年平均では、111.2円まで上昇していた。1993年8月17日には100.4円を記録し、その

後100円を突破する事態となっていた。円高傾向は翌年にも引き継がれ、1994年の年平均では102.2円まで上昇した。細川内閣のもとで日米包括経済協議が開始されたが、分野別交渉で日米が鋭く対立し、協議は決裂した。

　国内需要や輸出の動向を企業がみていたこともあり、さらにバブル期の設備投資の稼働がはじまっていたことも加わり、国内需要のもう1つの要素でもある総資本形成、つまり企業の設備投資は家計消費以上に大きな落ち込みをみせた。民間住宅の方は、バブル崩壊以降の減少からやや立ち直りをみせたが、企業設備の方は前年比9.6%もの減少となった。

　ゼロ成長をもたらしたこのような景気動向に対して、宮沢内閣のもとでは、1年のあいだに2回にわたって総合経済対策が実施され、合わせて約24兆円の景気対策が実施された。さらに細川内閣のもとで6兆円にのぼる緊急経済対策が実施されたが、この時点では、景気対策としては十分な効果をあげることができなかった。

◇企業の雇用調整と組合の対応

　不況の進展は、労働市場に直接の影響をおよぼした。完全失業者が増加し、前年を24万人上回る166万人に達し、失業率も前年を0.3%ポイント上回る2.5%となった。有効求人倍率は1990年、1991年には1.40と高く、1992年にも1.08と1を超えていたが、1993年平均では0.76と1を大きく割り込むこととなった。有効求人倍率の大幅な低下はこの年の新規求人数が前年に比べ14.6%もの大きな減少となったためであった。就業人口の伸びは小さくなったが、全体として増加することは増加した。しかし、女性の就業人口は低下した。雇用者も全体としてはかなり高い伸びを示した。しかし、不況の影響をもっとも強く受けた製造業では雇用者数は減少した。

　こうした状況のなかで、製造業を中心に人員削減をともなう企業

の再編成が進行した。ちなみに、リストラという用語が広く普及したのはこの時期以降のことで、最初はリストラクチュアリングという原語に近いかたちで表現されたが、またたくまに略語としてのリストラが定着した。

参考資料 **1993 年段階の主要企業のリストラ例**

1月	・ TDK　50 歳以上管理職の自宅待機。 ・ コダック　新規学卒の内定取り消し、110 人の希望退職募集。研究開発センター ・ ミノルタ　希望退職募集。40 歳以上勤続 20 年以上。 ・ タムロン　約 250 人、希望退職。 ・ 岩崎通信機　希望退職 747 人。 ・ 田村電機　希望退職 698 人。 ・ シントム　希望退職約 200 人 ・ 日立ホームテック　希望退職約 300 人。 ・ クラリオン　希望退職約 350 人。 ・ NTN　希望退職約 50 人。 ・ 日本 IBM　セカンドキャリア支援プログラム。50 歳以上社員 1200 人希望退職募集（関係会社で 65 歳まで雇用）。
4月	・ 日本航空　希望退職募集。35~44 歳の全職種 7000 人 (5 月以降、管理職転進援助特別休暇。50 歳以上対象)。 ・ アルプス電気　（子会社の東北アルプス電気とともに）希望退職募集、1300 人。
9月	・ NTT　一般社員対象希望退職募集、1 万人。 ・ 巴川製作所　希望退職募集、230 人。 ・ 電気化学　希望退職募集、本社男性社員対象。
10月	・ NTT　管理職対象に希望退職募集、1000 人。 ・ 日本ユニシス　進路選択支援プログラム、45 歳以上社員対象、子会社への転籍など。 ・ 新日鉄　7000 人削減のリストラ計画。

　左表のリストが示すように、リストラの対象業種は多種多様であったが、産業別にみると、この段階でリストラの影響がもっとも大きかったのは電機産業であった。このリスト以外でも、富士通が1993年12月以降2年間で、管理職クラスの400～500人を出向や営業部門への配置転換で削減する、沖電機で1992年8月から1995年5月までのあいだにグループ企業を含めて2000人の人員削減を行う、三洋電機が1992年11月から1995年までに約3万人の従業員を2000人削減し、本社事務部門700人のうち3割を各事業部に配置転換する、ビクターで1992年2月から1993年までにパートタイム労働者約2100人の契約更新をせず、正社員についても600人の退職不補充で削減する、などの事案が目白押しのかたちでだされていた。

　このように、つぎつぎとリストラが進展しているにもかかわらず、電機産業の大企業ではストライキなどをともなう大きな争議は発生しなかった。ここにはいくつかの理由があった。1つは、管理職35人に対して早期退職勧告を行ったパイオニアを除くと、実質的な指名解雇はなく、多くは退職不補充で時間をかけて人員の削減をはかるケースが多かったし、直接的な人員削減でも希望退職のかたちをとることが多かったことである。パイオニアのケースでは、管理職が対象となっており、組合側が介入する余地はなかった。また、電機以外も含めて、希望退職募集に際しては、労使の協議を経るなかで、相対的に手厚い補償が提示された。たとえば、NTTの第1回目の希望退職募集では、基本給の12カ月分が特別一時金として支給された。こうした事情によりリストラをめぐる大きな労使紛争は回避された。

　産別組織としての電機連合は、大手企業においては具体的な課題については個別の労使交渉にまかせることとし、一方で、中堅・中小独立系組合と地協直轄組合においては対策を強化する方針を決めていた。この方針にもとづき、1992年12月には、関連する約260組合に対して、合理化基礎調査を実施した。調査の結果、希望退職

募集を実施した企業が7企業、パートの解雇45企業、一時帰休14企業などの事例が存在することが判明した。そのなかでは、全体として、リストラの大きな手法が非正規労働者の雇止めにあった。この調査のあとも、1993年7～12月までのあいだに傘下8組合で希望退職募集の提案が行われた。

電機連合はこの調査の結果にもとづき、合理化提案が予測される場合には、組合員の雇用維持を大前提とした対応策の徹底、企業状況の見通しの把握、合理化案が予見される場合の電機連合への連絡の徹底などを内容とする指導方針を傘下組合に伝達した。さらに電機連合は1993年10月に日本電機工業会、日本電子機械工業会、通信機械工業会、日本電子工業振興会とのあいだ、また通産省、郵政省とのあいだで懇談を行った。この懇談で電機連合は、現在、企業の危機、生活の危機、労使関係の危機の3つの危機が進行しているとし、雇用の確保を第一義とした産業構造転換に取り組むよう申し入れた。

ゼンセン同盟は、海外からの衣料製品の輸入増大の影響もあって、傘下労組が存在する企業のなかで1993年8月までの1年間に164件のリストラがあったが、繊維産業の救済策として、政府に繊維貿易に関する2国間協定の締結を強く求め、繊維危機突破集会を実施した。

電機連合やゼンセン同盟にみられるように、労働組合のリストラ対策としては、政策活動が中心となっていた。

◇三立電機争議

自動車産業や電機産業のサプライチェーンを構成する中小企業においてもリストラが進展したが、大企業同様、深刻な労働争議は少なかった。そのなかでは、三立電機徳島工場争議は異色のものとなった。

徳島県川島町（現在の吉野川市）に町の誘致で立地した三立電機

徳島工場には、連合傘下の金属機械加盟組織と全労連傘下の JMIU 加盟組織があり、前者には 57 名、後者には 80 名の組合員がいて競合関係にあった。8 月、会社側は 10 月末に徳島工場を閉鎖し、167 人の従業員を全員解雇するという提案を行った。会社の株式の 20% を保有して親会社にあたる三洋電機が円高に対処してオーディオ製品発注の全面停止を通告してきたためだった。

　金属機械は、電機連合傘下の三洋電機労組の協力も得て、三洋電機からの支援の要請活動を展開した。三洋電機側の当事者となったのは、AV 事業本部の副本部長だったが、奇しくもこの人物は三洋電機労組の前委員長だった。

　三立電機の会社側、三洋電機との交渉は、2 つの労組が別々に、あるいは同席して行われた。1994 年 2 月、三洋電機、三立電機、新会社の経営陣と金属機械および JMIU の単組とのあいだで 5 者協定が締結された。その内容は、①三立電機は企業解散し、従業員は全員解雇する、解雇にあたっては退職金 150% プラス 30% を支給する、③解散後新会社（「トクヨー」）を設立し、現在の従業員の半数を雇用する、労働時間は延長し、賃金は削減する、④三洋電機は、2 年間新会社にたいして仕事をだし、また退職金への引き当てなどを含めて総額約 15 億円を「打ち切り保障」として支払う、というものだった。JMIU は、半分雇用というのではなく、希望者全員の新会社での雇用を主張したが、最後は折れて 5 社協定がまとまった。

　新会社「トクヨー」は 1994 年 5 月から活動をはじめ、自立に向けての取り組みが行われたが、結果的には自立は果たせず、1996 年 5 月、三洋電機からの仕事の打ち切りとともに、従業員は自宅待機となり、8 月には全員解雇となった。解雇時点では退職金 2 カ月分が支払われた。会社も 10 月に解散した。ただ企業解散直後、金属機械傘下の労働組合の桑原賢二委員長が有限会社を立ち上げ、パートではあるが、雇用の受け皿となった。

◇連合第3回大会

　こうしたなかで、1993年10月7、8の両日、連合は第3回の定期大会を開いた。この大会には、細川首相が出席して、来賓あいさつを行った。総理大臣が労働組合のナショナルセンターの大会に出席したのは、連合大会ではむろんのこと、日本のナショナルセンターの歴史上でもはじめてのことだった。武村官房長官、坂口労働大臣もこれに同行した。石田総務庁長官、大内厚生大臣も公明党、民社党の党首としての立場をもって出席した。社会党からは、村山富市新委員長が出席した。こうした顔ぶれは、連合と連立政権との蜜月を如実に示していた。国際自由労連からは、ローリッセン書記次長が出席してあいさつを行った。

　連合大会に社会党からは新委員長として村山富市が出席したのにはわけがあった。既述のように、細川政権発足の段階では、各党の党首が閣僚としてそろっており、そこで各党間の調整と政策面での一致がはかられると考えられていた。しかし実際にはそうはならなかった。7党1会派間の調整は、会派の書記長・代表幹事によって構成される調整会議の方にまかされることとなったためだった。

　この調整会議のなかで力を発揮したのは新進党代表幹事の小沢一郎だった。従来の一・一ラインはこの時点でも維持されており、公明党の市川雄一書記長が小沢と連携していた。小沢はさらに、大蔵省を中心に官僚グループとも接近し、同盟関係がつくられてもいた。小沢の戦略は、与党第一党である社会党の影響力を排除して実質的に政権を運営することだった。社会党の方では、山花委員長に続投の意思があったが、赤松広隆書記長が辞意を表明したため、山花も辞任せざるをえなくなっていた。このあと、9月18、19日の党員投票の結果、社会党の委員長となったのが村山だった。

　山岸会長は、主催者代表としてのあいさつのなかで、細川内閣の発足を歓迎すること、1000万連合の早期実現が必要なこと、労働組合の存在価値を発揮できるような活動を進めるための見直しを行

うべきこと、などに言及し、現段階のもっとも重大な課題は深刻化する日本経済の危機突破の景気対策であるとし、5 兆円以上の所得税減税の年内実施を強く求める、と述べた。

つづいて登壇した細川首相は、連合の支持に感謝の意を表し、細川内閣は自民党一党支配の体制を打破して政治が大きく変わったことに大きな意味があり、政治改革、経済改革、行政改革に最善の努力をしていく、と述べた。

大会の主要議題は、運動方針案とそれに関連する連合の賃金政策と、おなじく連合の政治方針であった。

大会に提出された運動方針案は、大会にさきだって 9 月 6 日に行われた中央委員会で決定された「日本の進路―連合からの提言―」にもとづいていた。この文書は、「目指すべき日本の社会の姿」と「目標実現の方向とプロセス」の 2 つの部分から構成されていた。前者には、「環境重視の持続可能な経済成長の維持と完全雇用の達成」「経済力にふさわしいゆとりある生活」など 6 項目を含む「社会構造の変化に柔軟に対応でき、国民がゆとり・豊かさ・社会的公正を実感できる社会」と「国際社会の一員として、世界の平和への貢献を積極的に維持できる体制の確立」が含まれていた。具体的方針の 1 つの中心は、いわゆる規制緩和政策で、「政府の産業保護・育成的な指導・統制、競争制限的な規制の原則廃止」がうたわれていた。ただ、経済活動の公正性と健全性のための政府の関与は認めていた。

これにもとづいて大会に提案された運動方針の新しい特徴の 1 つは、雇用対策の強化であった。ここでは、産業構造の変化など新しい状況のもとでの雇用の確保と安定につとめるとされていたが、現に進行しているリストラへの対処策には言及されなかった。政策面以外の具体的対応は産別の任務とされていたからである。また別の特徴は、「中小労働運動を連合運動の主軸」にすえるとした点だった。具体的にはパートや派遣労働者などを含む労働者の権利の確保

や格差の是正をはかるために中小労働運動センターを設立する、とした。さらにもう1つの特徴として、高齢社会に対応して地域福祉の拡充などをはかるため自主共済活動とボランティア活動への参加がうたわれた。これは、「日本の進路」に含まれたコミュニティの活性化という構想にもとづくものであった。これらは、非自民連立政権の成立という政治状況を積極的に活用することが前提となっていた。

　連合賃金政策は中期（5～10年）にめざすべき目標を示したもので、数値的には、実質賃金で20%引き上げる、という試算値が示された。賃上げの要求・解決のあり方については、個別賃金方式への移行とともに、定期昇給、昇進昇格の基準などを含め、賃金や賃上げの実情を各産別、企業別組合が広く公表することを求めていた。

　政治方針は、従来、連合内部で論議されてきた論点を整理していた。そのなかでは、「期待する政治」の冒頭に「自由（リベラル）を基本」とする、という立場がうちだされ、「期待する政権の政治基盤を形成する」ことがうたわれた。また、国の基本政策に関する連合の態度として、憲法問題、安保問題、自衛隊問題について連合内部の論議の決着点が示されていた。

　憲法については、憲法論議は否定しないとしつつ、平和主義、主権在民、基本的人権の三大原則の貫徹がうたわれ、また憲法改正については、国民世論の動向からみて、現段階で「憲法改正をそ上に乗せることは不適当」とされた。日米安保条約については「今後も維持する」とする一方、今後は比重を軍事的側面から経済・社会・文化的側面に移す、とした。自衛隊については、自衛権を認める立場から、専守防衛、シビリアンコントロール、非核3原則のもとでその存在を認め、憲法を補完する安全保障基本法の制定をめざす、とした。

　労働組合と政党との関係は、相互不介入と完全独立という前提の

もとで、これまでのような固定的な関係を排し、目的と政策・制度
要求の一致のもとに「協力・協調関係とする」というものだった。
ただ後者の部分については「確認事項」が付され、これまで加盟組
織がもってきた「協力・支持関係」に配慮し、新方針で一致をみる
までのあいだは、政党との関係は「構成組織の判断に委ねる」とさ
れた。

　こうした方針の原案に対して、産別代表からなる代議員からはい
くつかの質問や意見がだされた。

　まず雇用合理化の課題については、全国一般・石綱和夫代議員
が、中小企業では工場閉鎖などがあいついでおり、連合はもっと積
極的にかかわってほしい、と要望した。これに関連して、金属機械
の嶋田一夫代議員は、雇用調整という用語は人員削減の実態をあい
まいにするので使用すべきでない、と主張した。

　政治にかんしては、JR総連の柴田光治代議員が、いまの連合は
「政高経低」で、「労働組合主義に徹する運動路線からあまりにも離
れすぎている」、と主張した。全印刷の片倉利夫代議員は、政治方
針案のなかの「リベラル」という用語の意味をただした。これにた
いしては、山田事務局長は、「ほんとうに労働者の立場にたってや
ってくれる政党なのかどうかが大事だと思う」と述べた。

　自治労の佐藤康英代議員は、年金制度の改悪阻止の強力な運動を
推進すべきだと提起した。

　賃金政策については、日教組の池田芳江代議員が、男性が働いて
一家を支えると読める部分があり、男女平等の考え方から逸脱して
いる、と批判した。池田代議員はまた、不況の進展のなかで、女子
学生の就職がより厳しくなっており、就職面での差別の撤廃も労働
組合の課題であると主張した。ただ、こうした女性労働をめぐる論
議は、この段階では、十分に深められなかった。

　こうした論議をへて議案はすべて原案通りに可決され、役員選挙
が行われたのち、閉会となった。役員のうち、会長人事については、

大会までのあいだにやや揉める事態が発生していた。現職の山岸会長が会長を継続することに強い意欲を示したのに対して、金属労協議長でもある鷲尾悦也鉄鋼労連委員長も会長への立候補の意思を示した。さらに、ゼンセン同盟など旧同盟系産別からは芦田甚之助ゼンセン同盟会長を強く推す動きがみられた。このため、8月以降、役員推薦委員会で精力的な調整が行われた結果、山岸会長、芦田会長代行、鷲尾事務局長の態勢がかたまり、大会でもそのように決定された。初代事務局長の山田精吾は、この大会をもって退任した。

　連合の大会にさきだって、衆議院選挙の直後の8月3日から3日間、全労連の第9回定期大会がひらかれていた。この大会に来賓として出席したのは、共産党の不破哲三委員長だけで、不破委員長はあいさつのなかで、7党1会派が決めたことは、自民党政治の継承を宣言したものだ、と述べた。決定された運動方針では、賃金については大幅賃上げ・賃金体系改悪反対、リストラに対しては職場からの合理化反対闘争、政治面では小選挙区反対闘争などを盛りこんだ新年度運動方針を決定した。

　細川内閣への批判という点では、全労協もおなじであった。8月1、2日に第5回定期大会を開いた全労協に来賓として招かれた、元社会党衆議院議員の上田哲は7党1会派の動きを戦前・戦中期の大政翼賛会にたとえた。

3. 政治改革の成立から非自民連立の崩壊へ

◇政治改革の行方

　連合大会が開催される前の9月17日、臨時国会が召集された。この国会の第一の焦点は、政治改革関連法案が成立するかどうかで、政府・与党は法案の年内成立をめざしていた。与党各党との調整ののち、9月17日の閣議で決定された政治改革法案は、選挙制度の改革として、衆議院の定数を500とし、小選挙区と比例代表各

250 の 2 票制とする、この場合の比例代表は全国一本とする、政治
献金については、政治家個人への個人・団体の献金は全面禁止、政
党への献金については当面継続するが、5 年後に見直す、政党への
公費助成制度を設ける、などを骨子としていた。これらの法案は同
日国会に提出された。

　これに対して、自民党は、総定数 471（小選挙区 300、比例 171）、
1 票制、比例は都道府県単位とするという内容の対案を党議決定し、
10 月 5 日に国会に提出した。

　連合は、政府案を支持しその成立をはかる立場から、11 月 5 日
と 11 月 17 日に、日比谷野外音楽堂で、「国民のくらし危機突破」
緊急中央集会を開いた。参加者は警察調べで 2600 名と 2800 名だっ
た。11 月 15、16 日には緊急国会行動も実施された。15 日には、緊
急国会行動とともに産別代表者会議が開かれ、連合から各党の党首
あてに「政治改革法案の即時成立を求める要請書」がおくられた。
そのなかでは、政治改革法案の即時成立ののち、5 兆円減税の年内
実施も強く要求されていた。また、政治改革法案の即時成立のため
には、与野党間の「踏みこんだ妥協」も求めていた。この 11 月 15
日には、細川首相と河野自民党総裁とのトップ会談が開かれて妥協
の道がさぐられたが、不調に終わった。

　11 月 18 日衆議院本会議は、政治改革法案を一部修正のうえ可決
し、法案は参議院におくられた。11 月 18 日には、連合は第 14 回
中央委員会を開いたが、席上、同法案の衆議院通過にあたっての決
議を行い、「わが国の政治史上にエポックを画す」ものとして高く
評価した。

　参議院段階でも審議は難航し、参議院特別委員会での審議入りす
ら行われない状態が続いた。11 月 22 日には、連合山岸会長らが細
川首相と非公式に会談し、政治改革法案の年内成立や 5 兆円減税に
ついて意見の交換を行った。この非公式会談の経過を踏まえて、連
合では緊急政治担当者会議が開かれ、政治改革法案の成立に向け

て全力をあげて政権を支援するために各種の大衆行動を組織すること、産別・地方連合会は、所属議員や関係議員に働きかけを強化すること、などを決めた。さらに、連合は12月2日に連合国会連絡会を開催して、参議院連立与党と構成組織のあいだで、法案成立の決意を確認した。

しかし、審議はさらに難航した。加えて、第一次補正予算案の審議が優先されなければならず、細川首相の公約にもかかわらず、政治改革法案の会期内成立は不可能となった。このため、与党は、45日間の国会延長をはかり、自民党欠席のまま、延長を決議した。延長国会では、12月24日に参議院の特別委員会が審議入りした。この間、連合は、組織内議員懇談会や中執で、くりかえし政治改革法案の今国会成立を働きかけた。12月27日に行われた細川首相らとの政労会談でも、連合側は政治改革法案の年内成立を強く要請したが、それは実現しなかった。

年が明けて1994年には、1月5日から参議院で政治改革法案の審議が再開され、20日には特別委員会で可決された。ところが、翌21日午後の参議院本会議では逆転して、政府案は否決されてしまった。これは与党である社会党のなかから17人が党議に造反して反対票を投じたためであった。

国会は完全に混乱に陥った。ここで登場したのが、土井たか子衆議院議長だった。土井議長は、衆議院議長としての権威をもって、細川首相と河野自民党総裁とのトップ会談をあっせんした。会談の結果、議員定数を小選挙区300、比例200、比例の単位をブロックとする、など政府案と自民党案の中間をとった10項目の修正で意見の一致をみた。1月29日、この合意にもとづく修正案が国会最終日の1月29日に衆参両院で可決された。形式的には、合意にもとづく修正は最終的には1月31日に召集された通常国会で成立した。

修正された内容は、政府案と自民党案の中間とみなされたが、議

員定数からみて、小選挙区の定員が多数となり、さらに比例が、全国一本からブロックに移ることで、質的には、自民党の主張に近いものとなった。参議院で反対票を投じた社会党議員と、与野党党首会談をあっせんした土井議長は、結果的には、自民党案に有利に作用する役割を果たした、という評価もあった。なお、連合の組織内議員懇談会は、衆参両院で、政府案に反対票をいれた組織内議員と組織的関係を断つことを決めた。

◇国民福祉税構想

　波乱続きの臨時国会は1月29日閉会したが、その翌々日の1月31日、通常国会が召集された。この通常国会では何より1994年度の予算を成立させなければならなかった。政府内では、景気が著しく後退していた時期であったから、景気対策を急ぐという意味で、政府予算案は年内に立案すべきだという考え方が強かった。5兆円の所得減税を強く主張する連合はこの立場にたっていたし、その意を受けていた社会党と民社党も年内編成を主張していた。武村官房長官や新党さきがけもほぼこの立場だった。

　しかし、臨時国会が政治改革法案で遅れに遅れたうえ、与党連絡会議を実質的に仕切るようになっていた小沢新進党代表幹事と一・一ラインというかたちで小沢としっかり連携していた公明党の市川書記長は、予算編成は年越しをしても、じっくりかまえるべきだ、という主張だった。この段階では連合が主張してきた所得税、地方住民税合わせて6兆円の減税は折り込み済みだったが、小沢はこの減税財源をしっかり確保する必要があると主張し、このために年越しは不可欠である、と主張した。この段階ですでに小沢は大蔵省の官僚グループとも連携していたともいわれた。

　こうして与党内部の対立が高まっていた。12月16日に細川首相は、所得税減税の財源をめぐる協議、政治改革法案の成立に全力をあげる必要がある、などを理由として、予算案編成の年越しを決断

した。この段階で、当初武村官房長官らの構想を支持していた細川首相が、小沢代表幹事の側につくようになった、と伝えられた。

通常国会が始まった直後の2月2日異変がおきた。同日深夜、細川首相は記者会見を行って、国民福祉税の創設をうちだした。そのあとの3日未明、連立与党の党首と連絡会議のメンバーが官邸に招集されて説明を受けた。その内容は、現行の消費税を廃止して、福祉目的に使用される新しい間接税を創設するというもので、税率は当時3%だった消費税に代えて7%とする、というものであった。この案は、例の一・一ラインと、所得税減税などの財源探しをしている大蔵省幹部とが協議し、小沢寄りになっていた細川首相をまきこんで急遽発表されたものであった。

与党協議のなかでは、社会党の村山委員長がまっさきに反対を表明した。「こんな重大な問題をとつぜんだしてイエスかノーかなんておかしい」というのがその理由だった。すこしのち、村山委員長は、この案が強行されるなら、連立内閣を離脱する、と述べた。武村官房長官も、民社党委員長でもある大内厚生大臣も、なんの相談を受けていなかった。武村長官は「過ちをあらたむるにはばかるところなかれ」とまで述べた。ただ、いずれも、所得税との関係や社会保障制度のあり方にまで内容的に深めた論議ではなく、手続き論での反対だった。もっとも、もともと大蔵官僚や一・一ラインが強行しようとした国民福祉税構想そのものが、所得税減税や景気対策とのたし算・ひき算にすぎなかった。

この間、連合の山岸会長と鷲尾事務局長は、所得税減税の先行実施をかかげて、細川首相と連絡をとりあっていた。鷲尾事務局長の感触では、2月2日午後の時点までは、細川首相も減税先行実施論だった。細川首相が国民福祉税構想に転換したのは、その後の数時間のことだった。連合は国民福祉税構想が発表されるとただちに反対の意向を表明した。

国民福祉税構想については、与党間で協議が続けられたがまとま

らず、2月8日にいたって、細川首相が構想の実現をあきらめ、政府と与党連絡会議は、所得税減税を先行実施する、ただしこの減税は1年間の時限立法とする、減税の財源については新税を含めて各党間で協議する、などのことが決められた。これにより、ようやく予算編成の前提条件がととのうことになり、2月15日の閣議で、1994年度予算の政府原案が決定された。

　この間、細川首相は、国民福祉税をやめるなら、所得税減税もやめる、という案に傾いた、という情報があった。連合は2月6日に、緊急中央執行委員会を招集し、あらためて所得税減税の先行実施をつよく要請することを決めていた。所得税減税の実施などの方針でまとまった裏には「時の氏神」的な連合の働きかけと、各党への調整が作用した。ただこの間に、大衆的な集会などが組織されたわけではなかった。2月8日に、政府与党間で、所得減税の先行実施が決まったさいには、「この決定を歓迎する」という内容の山岸会長談話が発表された。

4. 1994年春闘

◇産別自決の方針

　1994年春闘は、経済面では不況の深刻化、政治面では連立内閣の動揺という厳しい情勢が続くなかで展開された。連合は1993年11月の中央委員会で、1994春季生活闘争方針の大枠を決めていたが、1994年1月の中央委員会では、さらにこれを具体化していた。連合の方針では、景気回復、生活安定、完全雇用を実現するために、賃上げ、時短、政策制度の改善を3本柱として取り組むとしていた。このうち、賃上げの目標は平均賃上げで5〜6%、2万円以上、時短では1996年までにすべての構成組合で実総労働時間1800時間、完全週休二日制、時間外割増率の引き上げの達成、政策面では景気回復策の実施、をめざすとしていた。

この中央委員会で決定された方針のなかでは、闘い方として、「産別自決」が強調された。これは、年々、額でも率でも、低下していく賃上げのなかで、春闘の再構築論議が行われたことを反映していた。春闘再構築の視点から「産別自決」が強調されたのは、実際上とられてきた従来型のパターンバーゲニング方式では、賃上げが低くなりそうなところを上方に鞘寄せするという効果よりは、高くとれそうな産業においても、チャンピオン組合の賃上げ水準にとどまってしまう、といういわば上方プラトー化の傾向があらわれてきたという認識があり、とれるところはとって、賃上げをひきあげようとする意図があるとみられた。しかし結果からみると、そのような賃上げを高めるという効果をもつ「産別自決」が実現したわけではなかった。また、闘争のヤマ場を3月22〜30日とし、最大のヤマ場を3月24日とすることも決めた。

　連合春闘の中心となる金属労協は、1993年11月の常任幹事会で、94年春闘方針を決めていた。そのなかで、賃上げ要求基準は、定期昇給分を含めて5%基準とするとしていた。金属労協傘下の産別のうち、金属機械が1万8000円・6.5%としたほかは、自動車総連、鉄鋼労連、電機連合、造船重機労連など、表現の違いはあるものの、要求は5%基準にそろっていた。金属労協以外の産別では、私鉄総連が2万2000円、7.9%、全電通が6%と高めに要求を設定したほかは、ゼンセン同盟、電力総連など多くの産別が、これも表現には違いがみられたが、ほぼ5%を基準とする要求となった。

　日経連は1月22日の臨時総会で「労働問題研究委員会報告」を了承した。その内容は、今次不況が従来になく深刻であるため、雇用の確保を優先すべきであるとし、賃上げの原資があるなら雇用の確保にあてるべきである、とした。また、実質生活水準の確保は、賃上げではなく、内外価格差の解消など、消費者物価の引き下げによって実現すべきである、としていた。同日、連合は労問研報告に対して、賃上げがなければ消費マインドを改善することはできず、

景気回復も望めない、とする見解を発表した。

　全労連は、1994年1月の臨時大会で春闘方針を決定した。大幅賃上げで内需拡大を求めるという基本方針のもとで、3万5000円以上の要求をかかげた。賃上げにかんしては、全労協も同様の方針をかかげたが、この年の春闘の名称を「権利春闘」としていた。日経連の労問研報告にたいしては、全労連は「断じて認められない」としたが、同時に、連合幹部がリストラ合理化を容認してきたとして、非難のほこ先を連合にも向けた。

◇ 1994年春闘の結果

　連合が、2月10日、94春季生活闘争開始宣言中央総決起集会、3月12日に家族ぐるみの参加をよびかけた中央総決起集会「生き生きふれあいフェスタ94」などの大衆行動を実施したあと、ヤマ場の3月24日の金属労協の集中回答日を迎えた。この日、金属労協傘下の各産別・企業では交渉が難航した。鉄鋼労連ではベースアップゼロか、有額回答かで難航した。自動車各企業では夕方まで交渉がかかり、ストをかまえた電機連合は24日には決着がつかず、25日になってようやく経営側が上積み回答を示して妥結した。NTTでは、24日中には回答さえ示されず、翌日全電通がスト突入のかまえを示すなかで、未明にようやく妥結してストは直前で回避された。私鉄総連も同様の経過をたどった。

　妥結結果では、新日鉄のリストラなどをかかえる鉄鋼では、組合側の主張でベースアップゼロは回避したものの、そのベースアップ分は1000円で、定期昇給込み4500円という結果は前年より3000円の減少となった。労働時間関連では、休日出勤手当が35%増しとなり一定の前進をみせたが、労働時間短縮そのものには回答はなかった。企業間で業績格差がめだってきた自動車では、トヨタは3.06%、9200円で妥結したが、日産8400円、ホンダ8900円と企業間格差がついた。時短では、主要組合は休日1〜2日増を確保した。

これについて自動車総連は、不満を表明しつつも、経営側が主張した 2% 台を突破したことで、最低限の線は守った、とした。

　電機の攻防は、トヨタの線をこえるかどうかにあったが、結果としては、中闘各組合一律にトヨタよりわずかに低い 3.05% とされた。金属労協以外では、NTT が 1 万 800 円、私鉄総連大手が 1 万 1400 円でそれぞれ妥結した。もう 1 つの公益産業グループの電力では 30 歳標準労働者 8200 〜 8300 円、3.05 〜 3.20% で妥結した。電力総連では、個別賃金方式を強く主張してきたが、会社側もこの年からは標準労働者で回答することとした。

　4 月 4 日、山岸連合会長らと細川首相らとのあいだの政労会談が行われ、景気対策と雇用対策、国営企業と公務員賃金のあり方などで論議が行われた。このあとも中小企業を中心に春闘は継続された。

　連合集計による民間の妥結率は加重平均で 3.11% であった。労働省調べの民間主要企業の賃上げ結果でも 3.13% という数値が示された。連合の数値でみると、前年の 3.90% よりほぼ 0.8 ポイント低下していただけでなく、このうち 2% 分が定期昇給分だとすると、実質的な賃上げとしてベースアップは 1% 程度と、定期昇給分のほぼ半分にまで低下していた。連合集計で、主要な産別で 4% 台にのせたところはなく、もっとも高かったのは海員組合の 3.97% と私鉄総連の 3.91% だった。ほかに 3.5% 以上で妥結したのは JR 連合と JR 総連（3.62%）、運輸労連（3.8%）、ゼンセン・ホテル（3.74%）、ゼンセン・流通（3.64%）などであった。逆に、もっとも低かったのは鉄鋼労連（1.58%）であった。労働省調べの業種別賃上げでは、賃上げ率でもっとも高かった業種は、卸・小売業（3.58%）で、ついで陸運（3.56%）、サービス（3.47%）であった。これは前年とおなじ傾向だった。

　全労連系組合などが組織する国民春闘共闘委員会加盟組合の平均では、賃上げ率 3.82% と集計されたが、そのなかでは、日本医労連が 4.41% と高いレベルでの妥結を達成した。

　労働時間の課題については、連合の集計では、所定時間の短縮と休日増加については妥結組合が前年よりかなり大幅に減少したが、割増賃金率の改定では前年の317組合から1006組合に増加した。

　こうした経過のなかで、第一のヤマ場の3月25日に行われた連合三役などの記者会見のなかで、山岸会長は、「連合の存在価値が問われるのではないか」という記者団からの質問にたいして、「鮮やかに示すことはできなかった。(しかし)賃上げだけがすべてではない。減税も実現している。……国民福祉税の撤回など連合も捨てたものではない。脳死状態ではなく、骨折している状態だ」などと述べた。鷲尾事務局長は産別自決の方針について、「良いところはとれということで、横並びを打破する闘いを試みたが、部分的にしかできなかった」と述べた。

　連合ではこのあと、6月2日に中央委員会を開いて、94春季生活闘争のまとめについて論議を行った。ここに提出された総括のなかでは、①賃上げは、連合全体でみると、目標とした実質生活水準の確保に一歩及ばず、景気回復につながる結果となっていない、②時短では厳しい状況下で健闘し、総実労働時間1800時間への足がかりが得られた、③政策・制度課題では、6兆円の大型減税を実現し、個人消費後退に歯止めをかけることができた、などと評価した。構成組織代表者のアンケート調査結果では、妥結結果について「きわめて不満」としたのは18.6%にとどまり、不満を前提としつつ、「一定の評価」「やむをえない」が合わせて69.5%であった。

　全労連の春闘総括のなかでは、一方では、現状では、実質生活の改善につながらない不十分な成果であったとしつつ、他方では、5年連続して、連合の妥結相場を上回ったことを評価した。

　日経連は、5月18日に開催した定期総会の席上、福岡道生専務理事が労働情勢報告を行い、非製造業部門の賃上げ率が、製造業を上回っていることは、物価と賃金の悪循環の要因がいぜんとして解消されていないことを示している、として製造業以外の分野におけ

る賃上げ抑制をさらに進めることを示唆した。

5. 労働組合組織の新しい動き

◇新電力総連と非鉄連合

　1993年からの時期、労働組合組織に新たな動向が示された。その1つは、産別組織の強化をはかる動きで、その具体化の1つが電力総連に現れた。

　電力総連は1981年に結成されて以降、9電力会社（北海道電力、東北電力、東京電力、北陸電力、関西電力、中国電力、四国電力、九州電力、沖縄電力）と電源開発の企業別組合によって構成される電力労連、電力会社の電気工事等に従事する企業の労組によって構成される電工労連、検針と集金にあたる検集労連、電気保安にあたる電保労連の4つの連合会からなる一種の複合産別としての性格をもっていた。その後、電力総連としての産別機能を強化するための論議がさかんに行われた。その結果、1986年以降は、4つの産別組織は部会と位置づけられた。その後も、産別機能強化の論議は継続され、1993年9月の大会では各部会は解散し、地域別の連合体として単一の産業別組織となった。この大会では、会長にのちに連合会長となる笹森清を選出した。

　この笹森新会長のもとで急速に進展したのが、電力総連と全電力（全日本電力労働組合協議会）の統一の動きだった。電力産業では、1952年の争議のあと、炭労、国労とならぶ総評の中心組合として威力を振るった電産は、9電力の企業別組合からなり、同盟に加盟する電労連に押されて縮小し、唯一その名残りが中国電力内の少数派組合・中国電産として残存するばかりとなっていた。その後電労連傘下の九州電力のなかで、電労連の全労加盟をめぐって旧電産系の組織が分離・独立し、全九電（全九州電力労働組合）を結成し、中国電産とともに全電力を構成した。全電力は、総評に加盟してい

たが、民間連合の成立とともにこれに加盟し、連合にも結成時から
加盟していた。全電力は、北海道や四国でも加盟組織をもっていた
が、組織人員は減少し、1993年段階では1600人程度となっていた。
一方の電力総連の加盟人員は約25万人だった。

　組織の実勢には決定的な差があっても、電力総連も、全電力も連
合加盟の産別としての位置をもっており、連合が産業別組織の整理
統合を進めるとする方針をもっていたこともあり、両組織ともに統
一への気運が高まっていた。皮切りは、1993年12月に電力総連傘
下の四国電工新労組と全電力傘下の四国電工労働組合が統一して電
力総連に一本化したことであった。1994年の5月以降には、電力
総連と全電力の三役のあいだで懇談会が設置され、全電力側の組織
がある九州、中国、四国で両組織を交えた話合いが進展した。

　1994年9月の電力総連大会で、笹森会長は、「できるだけ早く同
じ屋根の下に住めるようにしたい」と述べた。全電力側も、同じ時
期に開かれた評議員会で、八木昌秀議長が、「今日の状況のもとで
は電力の産別が2つ存在する根拠はなくなった」とした。これ以降
話合いが進展し、1996年3月までに統一方針がまとめられた。

　1996年9月5日、両組織は電力総連・全電力統一大会を開いて
統一を完成した。組織の名称は正式名称・略称ともに旧電力総連の
ものが継承された。

　この統一劇の特徴は、組織の圧倒的な大きさの違いにもかかわら
ず、少なくとも形式的には両組織が対等に合併したということであ
った。電力総連内部には、電産時代からの対立の経緯もあり、一部
に不満もだされたが、笹森会長の強力なリーダーシップでこの形式
が実現した。従来からの両組織の方針上の違いは、原発問題と政治
方針にあったが、統一方針のなかで、妥協的な表現をとることで解
決された。統一方針は、エネルギー問題にかんしては、「ベストミ
ックスの体制の確立」をかかげ、「原子力発電については、現在、
わが国における重要なエネルギー源となっており、安全性の確保を

45

第一義に多様な供給源の選択肢の一つとして位置づけ取り組んでいく」とした。国政選挙については、「当面」としつつ、「双方の立場を尊重する」としていた。人事面でも、八木全電力議長を新電力総連副会長に選出するなどの配慮が行われた。人事面での配慮は形式的なものではなく、その後も、全電力出身者から地方連合会の会長や労働福祉団体のトップ役員などを輩出した。

　同様に、連合に加盟しながら、旧総評と旧同盟にわかれていた同一産業内の複数の産別組織が統一した別の例として非鉄連合の事例がある。金属鉱山の労働組合は、1947 年に結成された全鉱（全日本金属鉱山労働組合）に結集していた。全鉱は 1948 年以降、79 年まで、総評議長や国際自由労連東京事務所長となった原口幸隆が委員長を長期につとめてきた総評の名門組合で、春闘の統一闘争や珪肺法の制定などの政策闘争で、大きな実績をあげていた。しかし、1965年、日鉱金属労組と東邦亜鉛労組が闘争至上主義であると批判して脱退し、同盟加盟の資源労連（全国金属資源産業労働組合連合会）を結成した。また三井、三菱系の企業組合は中立組合となっていた。このうち、全鉱と三菱金属労連は、1972 年に統一して非鉄金属労連となった。非鉄金属労連も資源労連も、民間連合、連合に加盟していた。

　この間金属鉱山をめぐる状況は極度に悪化していった。国内の金属鉱山の資源が枯渇し、中心的な事業内容は金属精錬に集中していたが、経営状況は悪化していた。こうしたことから、企業間の違いを超えた共同の政策活動が必要であるという認識が高まり、1991年以降、両産別に属する主要組合と純中立の三井金属労連のあいだで交流会が発足し、組織の統一をめざす活動が続けられた。その後、1995 年には、組織統一検討委員会、1996 年には組織統一準備会となり、新組織の性格や方針などがまとめられた。最終的には、1996 年 8 月に、新労組の結成大会が開かれた。新しい組織の名称は、全日本非鉄素材エネルギー労働組合連合会、略称非鉄連合とさ

れた。非鉄連合の成立は、非鉄金属としての産別形成の姿であったが、実は1つの過渡期で、すぐにまた、新たな複合産別としてのちの基幹労連の結成に取り組むこととなる。

　同様に、旧総評と新産別の系譜をひきつぐ金属機械と、旧同盟傘下のゼンキン同盟の統一の話合いも進展していたが、その実現はややあとのものがたりとなる。

◇**管理職組合と女性ユニオン**

　こうした動きとはまったく別の、新しいタイプの労働組合の組織化も、さしあたりは連合の外で、展開されていた。

　その1つは管理職ユニオンだった。日本の労働組合法は「役員、雇入、解雇、昇進又は異動に関して直接の権限を持つ監督的地位にある労働者、使用者の労働関係についての計画と方針とに関する機密の事項に接し、そのためにその職務上の義務と責任とが当該労働組合の組合員としての誠意と責任とに直接に抵触する監督的地位にある労働者その他使用者の利益を代表する者」が参加する組織を正当な組合とは認めないものの、管理職一般の組合参加を否定しているわけではない。しかし、一般には、多くの企業別組合では、課長などの管理職につくと組合員の資格を失うという慣行が長く続いていた。このため、企業によっては、組合を弱体化するために、部下のいない、名目だけの管理職をつくり、非組合員化をはかるという手段をとったところもあった。管理職層は、非正規労働者とともに、企業内の未組織労働者群を構成していた。

　企業内の管理職を対象とするものとして、すでに1970年代に青森銀行管理職組合が結成されていたが、バブル崩壊後のリストラの進行のなかでは、既述のパイオニアに典型的にみられるように、リストラの対象として管理職層が狙い打ちされるという状況が現れたこともあって、1990年代には、セメダイン、アメリカン・エキスプレス、三井埠頭などの企業で管理職組合が結成されていた。

設楽清嗣が中心となり、コミュニティ・ユニオンの1つである東京ユニオンの高井晃らが協力して、1993年12月20日に結成された東京管理職ユニオンは、結成当初は、企業単位ではなく、個人加盟を原則としていた。しかし、その後の経過のなかで、事業単位ごとに支部や分会のかたちをとるところも現れた。管理職ユニオンという名称は、管理職も入れるという意味であると説明され、管理職だけの組合ではない、とされている。この点は、のちに東京管理職ユニオンが分裂する組織方針上の問題点となった。東京管理職ユニオンは、当初は全労協との関係をもっていたが、コミュニティ・ユニオンの多くが全国ユニオンをつうじて連合に加盟した段階から、連合に参加した。

　もう1つの新しいタイプの労働組合は、女性ユニオンだった。女性ユニオンが注目されるようになったのは、管理職ユニオンより少し遅れてのことだったが、1995年3月に女性ユニオン東京が結成されたときだった。名称に女性とか「おんな」を冠した労働組合としてはそれ以前に、1987年に結成された「おんな労働組合・関西」があり、1985年前後には、札幌、仙台、新潟、東京、神奈川などでも結成されている。国際的にもっとも古い女性の組合は、19世紀後半に結成されたデンマークの女性労働組合 KAD（Kindeligt Arbederforbund i Danmark、英語訳は Women Workers Union in Denmark）で、現在9万人程度の組合員をもち、政労使会議にも加わっている。女性労働組合に限らず、LO など主流の労働組合を含めて、デンマークでは、組合員中では女性の方が多い。

　女性の労働組合の成立過程では、NPO などが女性の相談にのる過程で労働組合の機能を備えるようになったもの、セクハラなどの裁判闘争の支援組織が労働組合に発展したものなどがあるが、女性ユニオン東京を立ち上げた伊藤みどりが全労協東京一般で、労働相談を担当していたこともあり、出発の時点では、全労協東京一般労働組合に属していたが、2002年に脱退し独立した。

　女性ユニオン東京の結成目的は、「団結と相互扶助の精神により、組合員の労働条件を維持改善し、経済的社会的地位の向上をはかるとともに、性差別の撤廃と同一価値労働同一賃金、女性の労働権の確立をめざす」と規約に明記されている。具体的な活動としては団体交渉やセクハラ訴訟傍聴への参加、各種の学習会、お楽しみ活動と名付けられるユニオンカフェなどである。組合員数は、入会者数と退会者数とがほぼ均衡し、200 人以内にとどまってきた。

6. 細川内閣から羽田内閣へ

◇羽田内閣の成立と連立の枠組みの崩壊

　連合山岸会長らと細川首相らの政労会談が行われたのは 4 月 4 日だったが、その直後に政変がおきた。4 月 8 日、細川首相が突如辞任を表明した。自民党から佐川急便からの不当な政治献金を受けていたとして追及された結果だった。後任をめぐっては紛糾が続いた。新進党の小沢代表幹事は、自民党を分裂させる一方、従来からの目標だった社会党はずしを追求して、自民党の渡辺美智雄衆議院議員を首相としてかつぎだそうとした。渡辺議員は、この構想をいったんは了解し、自民党への離党届けまで行ったが、最終的には断念し、離党届けも撤回した。この間、自民党のなかからは選挙改革推進派の議員や若手議員の一部に離党・新党結成の動きもみられた。

　一方、社会党・村山委員長、民社党・大内委員長、さきがけ・武村代表のあいだでは、一・一ラインに対抗して三角同盟が結成されていた。連合の山岸会長も、この同盟にオブザーバーで参加するかたちとなっていた。村山委員長の側近である野坂浩賢衆議院議員や山下八州夫衆議院議員は亀井静香衆議院議員ら自民党の一部と会合して連携する活動も行っていた。この会合には自民党側からは当時の森喜朗幹事長（元首相）も加わっていた。ここでの話合いでは、

一・一ラインに対抗するため、自社連立内閣の樹立まで話しあわれたとされる。これはのちの村山自社連立内閣につながる動きだった。

　しかし、一方で、従来の7党1会派による非自民内閣を継続する協議も各党代表者間で行われた。しかし4月13日になって、さきがけは代表者会議へ出席しないことを決めた。離脱に際し、同党は、基本的な立場として、「憲法を尊重し、政治的軍事的大国主義を排す」という政策の基本指針とともに、「政策決定の民主性、公開性を高める」としていた。さきがけの離脱は、社会党とさきがけが、各党党首のあいだで新政権の枠組みをきめるべきだとしたのにたいして、新生・公明両党、つまり一・一ラインがあくまで代表者会議で決めるべきだとしたことが直接のひきがねとなっていた。

　4月15日になって、さきがけを除く与党代表者会議は、外遊中の羽田孜・新生党党首の帰国を待って、党首会談をひらくことを前提として、新政権の政策協議をはじめることを決めた。同日、さきがけは、新内閣には閣僚を送らないとするいわゆる閣外協力の方針を決めた。

　4月22日、さきがけを除く与党代表者会議は、「新たな連立政権樹立のための確認事項」を決めた。その内容は、日米安全保障条約の維持、この頃北朝鮮が展開していた核兵器開発に対して国連の措置にしたがうこと、経済面での規制緩和措置の推進などをうたい、さらに税制については、消費税の引き上げを実質的に容認する税制の抜本的改革の検討を進めることを確認していた。これらの項目は、それまでの社会党の基本政策から大きくはずれる内容となっていたが、この時点では、社会党もこれを容認した。ただ、社民連はこの経過に不満の意を示し、確認書には調印せず、5月22日に解党を決めた。そのかわり、この間自民党から離党したグループの一部からなる改革の会が調印に加わった。この確認にもとづいてさきがけを除く従来の与党は、新生党党首の羽田孜を次期総理として選

出することを決めた。

　4月25日、衆参両院は新しい総理大臣に羽田孜を選出した。羽田新総理が組閣にとりかかった直後新しい異変がおきた。組閣の途中で、新生党、日本新党、民社党、それに自民党を離党したグループの一部がまとまって新会派・改新が結成された。これは民社党の大内委員長が提唱したものとされた。議員数からすれば、新会派・改新は、社会党を凌駕し、与党第一党となり、名実ともに新内閣の主導権をとることができる。提唱者が大内民社党委員長とされたとはいえ、またこの段階で公明党はこの会派には参加しなかったとはいえ、内容的には一・一ラインが追求してきたものだった。前日まで村山社会党委員長と連携していたはずの大内委員長から社会党側には何も伝えられなかった。ただ、これにさきだち、前日に村山委員長と会ったとき、大内委員長は、「いろいろ一緒にやってきたが、民社党はもう自分の思うとおりにはならない、新会派ができればそちらに行く」、という趣旨の発言をしていた。村山はこの発言に重大な意味があるとは思わなかったらしい。

　社会党は一様に怒った。あるいは怒ったふりをした。社会党はただちに、連立から離脱し、閣外協力に転ずると決めた。この結果、4月28日に成立した羽田内閣は、実質的に少数与党となり、はじめから短命政権と評された。羽田内閣は、社会党の閣外協力を受けてともかく新年度予算だけは成立させたものの、ほかにはなんの役割を果たすこともできなかった。

　このプロセス自体にはカヤの外ともいうべき立場におかれた連合は、大きな困難に直面した。連合傘下組織は、社会党と支持・協力関係をもつグループと、民社党と支持・協力関係をもつグループがあったが、その社会党と民社党が決定的に対立したからである。

　5月1日には例年どおり東京・代々木公園の中央メーデーをはじめ、全国各地でメーデー集会が実施されたが、政治的色彩は薄まり、サンバのバンドが登場するなど、イベント色が前面にだされ

た。デモは実施されず、ブラスバンドを先頭にパレードがとり行われた。メーデー会場であいさつにたった政府代表は鳩山邦夫労働大臣だけで、各党のうち、社会党・村山委員長は、新会派「改新」の結成により、政党間の信義を破ったと批判し、長谷川清・民社党労働局副局長は、少数与党のヒキガネを民社党がつくったことを反省している、と述べた。メーデー中央大会宣言は、羽田新政権についてはまったく何も言及しなかった。なお、この年の地方メーデーのうち、静岡、愛知、三重、和歌山、岡山では、5月1日ではなく、4月24日〜29日に繰り上げて実施された。のちの中央メーデーの期日変更のさきがけとなるものであった。

このメーデーをはさんで5月19日、連合は、主要産別の代表者によって構成される中央執行委員会を開いた。席上、加盟産別の意見を集約するかたちで、羽田連立政権との関係などを内容とする「当面の政治対応について」とする文書をまとめた。この文書は、社会党が政権を離脱したことについて「残念ながら理解をせざるをえない」とした。この表現は、民社党と支持・協力関係にある産別も新会派結成については、批判あるいは疑念をもっていたことを示していた。文書はさらに、「連合が期待した社・民の一体的体制が崩れたことは、連合労働運動にとっては深刻な事態」であると表明した。そのうえで、結論として、羽田政権に対する態度としては、「政策を中心にした是々非々主義で対処せざるをえない」とした。

6月17日、連合の山岸会長、芦田会長代行、鷲尾事務局長は、羽田首相と会見した。この会見は春闘期間中の政労会談とは異なっており、連合の政策・制度要求の実現を求めるという意味合いもあったが、それ以上に、連立政権のあり方自体が中心的に論議された。山岸会長は、細川政権の改革路線を引き継ぐ安定的な連立政権をつくるため、羽田首相が強いリーダーシップを発揮するよう求めた。羽田首相は、社会党が政権に復帰してほしい、などと述べた。

山岸会長は、羽田首相からメッセージがあれば、いいかえれば羽田首相側から復帰できる条件をつくるのであれば、連合があっせん役をつとめる、と述べた。しかしそのようなメッセージは伝えられなかった。結果として羽田内閣は一路、消滅への道をたどっていった。

　この通常国会では、労働関連の重要法案が衆参両院で可決成立した。その1つは雇用保険法の改正で、このなかでは、育児休業に雇用保険から給付を行う制度が設けられた。育児休業給付は、連合の政策・制度闘争のなかでももっとも重視されたものの1つであった。また高年齢者雇用安定法の改正では、60歳以上の定年を義務化することを定めた。障がい者の雇用改善に支援を行うことなどを定めた障害者雇用促進法の改正も行われた。連合が強く反対してきた、年金の支給年齢を段階的に65歳まで引き上げる国民年金・厚生年金法の改正案は継続審議とされた。

コラム　育児休業給付制度の変遷

　育児休業給付の制度の変遷はつぎの通り。なお、育児休業給付が雇用保険制度の一環として運営されていることには変わりがない。

1995年4月1日〜　休業前賃金の25%（休業中20%、復帰後5%）
2000年4月1日〜　休業前賃金の40%（休業中30%、復帰後10%）
2007年4月1日〜　休業前賃金の50%（休業中30%、復帰後20%）
2009年4月1日〜　休業前賃金の50%（全額を休業期間中に支給）
2014年4月1日〜　休業前賃金の50%（休業開始から6か月は67%）
2017年10月1日〜　育児休業を最長子どもが2歳まで取る場合、給付期間の上限を2年に延長

　通常国会の末期、予算と各種の法案が成立して以降、羽田内閣は死に体となっていた。この間、連立政権から離脱していた社会党

は、臨時中央執行委員会で、新しい政権構想を決定していた。その内容は、憲法理念の尊重、PKOは自衛隊とは別組織で参加、国際災害救助を目的とする国際平和協力隊の常設、朝鮮半島問題の平和的解決、間接税率の引き上げなどを含む税制改革、などだった。

　社会党のこの政権構想は、これまでの連立与党とともにさきがけと自民党にも示された。さきがけからは一部に補強的な見解が示されたが、基本的には一致をみた。さきがけ側は、社会党が首班候補をだすべきだと主張した。つづいて、村山富市社会党委員長と河野洋平自民党総裁のあいだの党首会談と、久保旦社会党書記長と森喜朗自民党幹事長のあいだでも会談が行われた。一方では、社会党は連立与党との協議をつづけてはいたが、かたちのうえでは社会党とさきがけを軸とし、実質的には自民党が主軸となる新連立内閣構想が具体化していった。最終的には、羽田内閣が総辞職を表明したのち、6月29日、連立与党側が、税制改革の先行解決を主張したことを理由として、社会党は連立与党との話合いを打ち切った。

　羽田内閣としては、総選挙にうってでる選択肢もあったが、その場合は、せっかく国会で成立した新選挙制度ではなく、中選挙区制のもとで実施されるということになる、という理由で、自民党が内閣不信任案を提出したのち、社会党との協議が不調となって、6月25日、総辞職の道を選んでいた。こうして、1993年総選挙がもたらした非自民連立内閣の時代はわずか1年で終った。

第2章 村山内閣のもとで

村山・芦田会談

年表

1994.6.30	村山・自社さ連立内閣成立。7.20 村山首相、自衛隊の合憲、日米安保の継続を明言
9.8	連合・山岸会長辞意表明
10.6	連合中央委、新会長に芦田甚之助ゼンセン同盟会長選出
11.2	改正年金法成立（支給年齢65歳への引き上げなど）
12.3	政労会談
12.5	連合、連合総研、日経連、雇用創出シンポジウム
12.10	新進党結成

【概要】

　1994年6月、羽田首相の辞意表明を受けて行われた首班指名選挙で、自民党とさきがけの支援を受けた社会党の村山委員長が指名を受け、自民、社会、さきがけ3党の連立政権が成立した。この内閣の成立で、連合は政治面で困難に陥った。連合内にある社会党支持産別はいわば政権与党となり、民社党などを支持する産別は野党の立場におかれ、いわば股ざき状態となった。この時期、連合の山岸会長は辞任し、芦田会長、鷲尾事務局長がトップリーダーをつとめることとなった。

　この村山内閣のもとで、1995年に発生したのが、阪神・淡路大震災であった。この震災で、多数の生命と、住宅などの個人財産、道路などの公共施設が失われた。この震災直後から、大規模なボランティア活動が始まった。連合も、史上はじめて、組織的なボランティア活動に参加した。災害のあと、課題となったのは、自然災害による個人的な損害に対する補償の問題だった。政府は、自然災害による個人の損害に対しては個人の責任だと強調し、公的費用による支援を拒否した。これに対して、全労済協会が支援の立法化を提案し、労働組合、協同組合などの協力による署名活動が展開され、のちに、被災者生活再建支援法が議員立法の

56

かたちで制定された。

　阪神・淡路大震災は春闘にも影響を与えた。1995年春闘では、全電通は復旧活動などで事前のスト権投票は実施されず、また私鉄では関西私鉄が産別統一交渉に参加しなかった。この年の春闘の賃上げでは、円高による不況の進展もあり、前年妥結額・率を下回った。日経連はこの年、「新時代の日本的経営」の提唱を行い、非正規労働者の急速な増大など、大きな影響を与えた。国会では1995年6月、連合などが強く要求してきた育児・介護休業法が成立した。

　村山内閣は、前の大戦への反省の念を示した8.15談話以外には大きな功績をのこすことなく、またリベラル新党結成への動きにも消極的なまま1996年1月に退陣した。村山退陣のあとは、自民、社会、さきがけの3党連立の枠組みは維持されたが、首相には、自民党の橋本龍太郎が選出された。3党連立内閣は、結果として自民党の復権につながった。

1. 自社さ連立政権の成立

◇村山内閣の成立

　1994年6月29日、衆参両院で新しい首班指名選挙が行われた。衆議院では、社会党、自民党、さきがけの票を集めた村山社会党委員長が、旧連立与党から擁立された海部元首相をおさえてトップではあったが、自社両党から造反者がでて、過半数はとれず、決戦投票となった。決戦投票では村山が過半数を得た。参議院では1回目の投票で村山が過半数を得た。村山を首班に選出したのち、国会は閉会した。

　6月30日未明、社会党・村山、自民党・河野、さきがけ・武村の3党首会談が開かれ、さきに社会党とさきがけのあいだで合意していた政策大綱を自民党も認め、首班指名選挙からすれば、後づけではあったが、3党合意が成立した。合意のなかでは、この政権の性格はハト派的な民主的政権であることが確認された。前文では

「生活者のための政治の実現と地球規模の環境保全と軍縮を促進する」などとされ、本文では、①政治改革の継続的推進、②行政改革と地方分権の推進、③経済改革の推進、④農林漁業振興の促進、⑤高齢社会と税制改革、⑥外交・安全保障・国連改革、⑦戦後50年と国際平和、⑧朝鮮民主主義人民共和国の核開発への対応、の各項目が含まれていた。

　このうち、⑤では、不公平税制の是正、行政改革の断行を前提として現行消費税の改革というかたちで消費増税を示唆し、⑥ではPKOについては憲法の枠内で協力する、などとされ、いずれも、従来の自民党政権の枠組みをこえたものではなかった。

　党首会談ではまた、国会議員数に応じて閣僚を各党に割りふることも確認された。この結果、20名の閣僚は、自民党が13名、社会党が5名、さきがけが2名と割りふられた。これらの確認ののち、各党から推薦された閣僚が決まり、この6月30日に自・社・さ3党の連立政権としての村山内閣が成立した。社会党首班内閣は、1947年の片山内閣以来、47年ぶりのことだった。

参考資料 村山内閣の閣僚の布陣

村山内閣（1994年6月30日成立）

職名	氏名	所属政党	備考
内閣総理大臣	村山富市	社会党	社会党委員長 自治労出身
外務大臣	河野洋平	自民党	自民党総裁
法務大臣	前田勲男	自民党	
大蔵大臣	武村正義	さきがけ	さきがけ代表
文部大臣	与謝野馨	自民党	
厚生大臣	井出正一	さきがけ	
農林水産大臣	大河原太一郎	自民党	

村山改造内閣（1995年8月8日成立）

職名	氏名	所属政党	備考
内閣総理大臣	村山富市	社会党	社会党委員長 自治労出身
副総理	河野洋平 橋本龍太郎	自民党	自民党総裁
外務大臣	河野洋平	自民党	自民党総裁
法務大臣	田沢智治 宮澤弘	自民党	1995年10月9日辞任 1995年10月9日就任
大蔵大臣	武村正義	さきがけ	さきがけ代表

通商産業大臣	橋本龍太郎	自民党		文部大臣	島村宜伸	自民党	
運輸大臣	亀井静香	自民党		厚生大臣	森井忠良	社会党	全電通出身
郵政大臣	大出俊	社会党	全逓出身	農林水産大臣	野呂田芳成	自民党	
労働大臣	浜本万三	社会党	電産出身	通商産業大臣	橋本龍太郎	自民党	
建設大臣	野坂浩賢	社会党	全日通出身	運輸大臣	平沼赳夫	自民党	
自治大臣	野中広務	自民党		郵政大臣	井上一成	社会党	
国家公安委員会委員長				労働大臣	青木薪次	社会党	国労出身
内閣官房長官	五十嵐広三	社会党		建設大臣	森喜朗	自民党	
				自治大臣	深谷隆司	自民党	
				国家公安委員会委員長			
				内閣官房長官	野坂浩賢	社会党	全日通出身

　新内閣の性格については、自民党がなりふりかまわず政権復帰をはかった、という見方もあった。しかし実際には、自民党は閣僚のうち、外務、大蔵、通産などの主要閣僚を確保していた。また、7月18日に召集された臨時国会のなかで、代表質問に対して、村山首相は、自衛隊については自衛のための実力組織であり、憲法の認める範囲内のものである、日米安保条約についてはこれを堅持する、日の丸・君が代は国旗・国歌であると国民に認識されていることを尊重する、と答弁した。9月3日に開かれた社会党大会は、政府の方針と党の方針が違っていてもいいので、党としての基本方針は変更すべきでないとする論議はあったものの、これらの論点を追認するとともに、原発については、稼働中のものは代替エネルギー確立までの過渡的なエネルギーとして認める、という新しい基本方

針を決めた。これらの内容は、いくつかの修飾語をのぞけば、従来の社会党方針を転換し、自民党政権の政策を継承するものであることを明らかにしていた。この意味では、村山内閣の性格は、閣僚態勢とともに、政策面でも自民党の政権復帰の姿を示していた。実際に、のちにみるように、村山内閣は、自民党の完全な政権復帰への過渡的なものであった。なおこの社会党大会の席上、来賓として出席した山岸連合会長が、新しい基本方針に反対する活動家に暴行をうけるという事件が発生した。連合は、社会党本部に対し、抗議と謝罪の申し入れを行った。

人物紹介 村山富市 (むらやま・とみいち)

1924年、大分県大分市生まれ。1943年、旧制明治大学専門部政治経済科に入学。哲学研究部に属す。1945年8月15日、幹部候補生として陸軍軍曹の階級で終戦を迎えた。1946年、旧制明治大学専門部政治経済科を卒業。1948年、大分県漁村青年同盟の書記長に就任、漁業協同組合設立等の成果を収めた。漁村青年同盟の解散後は大分県職員労働組合の書記。1955年、大分市議会議員選挙に日本社会党から立候補し、当選。以後当選2回。1963年、大分県議会議員選挙に当選。以後連続3回当選。1972年、第33回衆議院議員総選挙に社会党公認で立候補し、トップで初当選。以降、落選1回を挟み、通算当選8回。

社会党内ではそれほど目立つ存在ではなかったが、1991年、このときから党所属の国会議員によって選出されることになった国対委員長に立候補し、本命とみられた対立候補を破って当選したことから、一躍注目を集め、この年の党大会で発足していた田辺誠委員長・山花貞夫書記長ラインと対立する諸グループから、左右を問わずに、担がれ

る存在となった。自民党が過半数割れをおこした 1993 年総選挙で、社会党も大敗した責任を負って山花委員長が退任したあと、同党委員長に就任。羽田内閣の崩壊のあと、1994 年 6 月 29 日、自民党、社会党、さきがけの 3 党連立政権の首相となった。「そうじゃのう」など、独特の口調での話しぶりと白い眉毛の風貌で、一定の人気も得たが、社会党の退勢をくつがえすことはできず、「8.15 談話」を残して 1996 年 1 月退任した。社会党を解党して新党を結成する動きにも反対して実現させず、名称だけを変更した社民党初代党首を 1996 年総選挙まで続けた。

　2000 年 6 月、政界を引退、現在は社民党名誉党首。桐花大綬章を受章。『村山富市回顧録』（薬師寺克之編）、『村山富市の証言録』（梶本、薗田、浜谷編）がある。

◇山岸会長辞任劇

　山岸会長、鷲尾事務局長を中心とする連合執行部は、村山政権誕生の瞬間まで、7 党 1 会派による連立政権の枠組みの復活に期待をつないだが、結局はかなわなかった。村山政権の誕生によって、連合は大きな困難に直面することとなった。連合傘下の産別が、いってみれば、政権からみて与野党にわかれてしまったからであった。新政権にたいしては、社会党が総理大臣以下の閣僚をだして、かたちのうえでは社会党は中心的な政党となっていたのに対して、民社党は、新生党、公明党などと連携し、野党の有力政党となっていた。

　当時の連合傘下の産別のうち、主として社会党を支持するとしていたのは、電機連合、全電通、私鉄総連、金属機械、合化労連、全国一般、運輸労連、それに自治労、日教組などの官公労組合だった。もっともこのなかでも村山政権支持の度合いについては、産別ごとに濃淡があった。たとえば私鉄総連は村山内閣を積極的に評価していたし、自治労はすべて統一されていたわけではなかったものの、佐藤晴男書記長は村山首相とおなじ大分県の出身で、首相公邸

にほとんど自由に出入りしていた。一方、全電通、電機連合などは村山政権には、批判的あるいは消極的で、将来的には、政権交代可能な二大政党制をめざし、社民リベラルの結集をはかるという立場であった。

こうした社会党支持グループの産別に対して、ゼンセン同盟、ゼンキン連合、造船重機労連、一般同盟は民社党を支持する立場にあった。ほかにも、鉄鋼労連は社、民両党のほか日本新党、新生党、新党さきがけとも協力関係をもち、紙パ連合、JR連合などは社会党、民社党両党支持、具体的な支持政党名をかかげないが実質的には民社党系となっていた自動車総連、特定政党との支持協力関係をもたないとするJR総連などがあった。

連合としては、このような股ざき状態はすでに羽田政権成立の時期にも経験していたが、そのときにはまだ、非自民連立への回帰の期待があったのに対して、自民党と連携する村山政権の成立によって股ざき状態は決定的なものとなった。

このような事情があって、連合は、村山政権が成立した6月30日に、「新連立政権に対する連合の対応について」と題する文書を発表して、「今回の結果は、われわれの期待と大きな違いがあり、残念である」とし、羽田連立政権の場合と同様、「政策を通じての是々非々主義の立場で対応する」との立場をうちだした。政策上の影響力を強める手段としては、すでに前年の運動方針で、共同討議の場として、連合政治フォーラムの設置がうちだされ、1994年6月の中央執行委員会で連合政治政策フォーラムとして具体化されることになり、7月29日に結成総会が開かれた。ここには、自民党と共産党をのぞく各党の大半の議員が参加していたが、政策面は別としても、もはや政局に対して積極的に影響力をもちえなかった。

連合の政局への影響力が小さくなったことにはもう1つの理由があった。1994年9月8日に開かれた連合中央執行委員会の席上で、3期目の任期途中の山岸会長が、病気を理由に、辞意を表明し

た。かなり重い病気におかされていたことはたしかであったが、この辞意の背景には、山岸会長がもっていた社民・リベラル新党の構想が、一方では村山内閣の成立で、他方では、のちに新進党の発足というかたちをとる一・一ラインに民社党を加えた新党への動きのなかで、連合を一丸とする新党構想実現に大きな障害が生まれていたためである、という観測も行われた。また、山岸の辞任については、3期目の選出のさい、任期途中で会長の座を芦田に譲るという密約があったといううわさも根強く流れた。密約説については山岸自身も、山岸の出身母体である全電通のリーダーたちも、よく知っていたが、少なくとも公式にはこれを明確に否定した。当時、連合副事務局長だった坂本哲之助の回想録には、三党連立政権の成立にがっくりしている山岸の姿が描かれている。

　9月19日、連合の役員推薦委員会は、とくに大きな反対もなく山岸会長の辞表を受理し、後継の会長人事についての協議を開始した。9月28日、役員推薦委員会は、芦田甚之助会長代行を会長に推薦することを決定した。10月6日に開かれた連合の中央委員会はこの人事案を承認し、芦田会長が実現した。会長代行には後藤森重・自治労委員長が就任した。鷲尾悦也事務局長は続投となり、新しいトロイカ体制がつくられた。

　山岸会長は村山首相とは社会党内の派閥関係のなかでむしろ対立関係にあった。実際に、山岸会長がめざしていたのは、社会党議員の多くを1つの軸とするが、社会党とは別のリベラル新党の結成だった。こうしたこともあり、自社さ連立内閣の人事や政策について、細川政権の発足のさいにみせたような特別の影響力を発揮するという場面はなかった。しかし、社会党への多彩な人脈をつうじて、政権への影響を発揮しうる立場をもっていたこともたしかであった。これに対して、芦田―鷲尾執行部は、内部に政権に対して大きく異なる距離をもつ産別をかかえつつ、人脈的にも政権に対して影響力を発揮する仕組みをもっていなかった。芦田会長自身、会長

就任あいさつのなかで、連合と政党との関係について、「政党支持問題は構成組織にゆだねる」と表明した。この結果、政権との関係は、ナショナルセンターとしてまとまるというより、産別ごとにバラバラに対処されるということにならざるをえなかった。

　全労連は、事務局長談話を通じて、村山内閣について、これまで自民党政治と対決することで労働者・国民の支持を得てきた社会党は公党としての責任を放棄したと非難するとともに、このような政党と支持協力関係をもってきたと連合に対しても非難のほこさきを向けた。

人物紹介 **芦田甚之助** (あしだ・じんのすけ)

　　　　　　　　　　1934年生まれ。新潟県出身。1956年3月、早稲田大学教育学部を卒業。在学中は、同大学の建設者同盟に参加し、社会運動への関心を高め、卒業直前に全繊同盟の書記局に入局した。全繊同盟の新潟県支部長が急逝したこともあり、全繊同盟ではもっとも若い20歳台で新潟県支部長に就任し、組織活動で手腕を発揮した。1971年、全繊同盟本部に復帰して、常任執行委員となった。1978年には同書記長となり、宇佐美忠信会長を支え、1988年宇佐美会長のあとをうけてゼンセン同盟会長。連合結成とともに副会長。同時に、旧同盟の後進である友愛会議の議長もつとめた。1994年山岸会長の辞任にともない、連合2代目会長に就任。村山政権以降の複雑な政治情勢のもとで、労働基準法改正問題など、連合の政策・制度闘争をまとめた。行政改革会議の委員もつとめた。1997年退任後は、連合総研理事長のほか、日弁連法務研究財団理事などを務めた。性格については「くそまじめ」などといった評もあった。2005年には旭日大綬章を受章。2011年死去。

◇年金制度の改定

　村山政権には、いくつかの大きな労働・社会政策が細川・羽田内閣時代から積み残されていた。そのもっとも大きな政策課題は年金問題であった。1994 年 3 月、細川政権のもとで国会に提出された年金改定案は、特別支給の老齢厚生年金の定額部分の支給開始年齢を、15 年をかけて 60 歳から 65 歳に引き上げることを最大のポイントとし、保険料の引き上げ、在職老齢年金の削減、失業給付支給期間中の年金支給停止などを盛りこんでいた。いずれも将来的な年金財政の破綻に備えるというのが、改定案の目的とされていた。

　連合のなかでは、この改定案のなかで、とくに 65 歳への支給開始年齢の引き上げには強い反対意見があり、年金審議会でも繰り返し反対の立場を表明していた。大衆行動の面でも、国庫負担の増額と 60 歳支給の堅持を内容とする要請行動を展開することを決めていた。全労連も、年金改定に反対するキャラバン運動などを展開し、そのなかで、積極的な主張としては、国庫負担による最低年金制度の確立が強調された。このような活動は 2 月から 11 月にかけて継続的に展開された。春闘期の 3 月 24 日と 4 月 10 日には、大規模なものとはならなかったが、年金改悪反対を主要なスローガンとするストライキも一部で実施されていた。

　とはいえ、細川内閣は、全体としては連合が支持・支援する立場にあったことから、3 月の中央委員会では、全面反対運動というかたちではなく、「5 つの修正、3 つの補強」で対応するという方針を決定した。5 つの修正の内容は、①働けない人には 60 歳から満額年金支給、②在職老齢年金の 2 割カットの撤回、③失業給付と年金併給停止の延期、④高年齢雇用継続給付と年金調整の撤回、⑤次期財政再計算期での見直し、というもので、3 つの補強の内容は、①国庫負担の引き上げ、②福祉ビジョンの明示、③高年齢雇用ビジョンの明示、というものであった。修正活動の具体的な内容としては、大衆運動の面では署名活動が展開され、最終的には 372 万人分

の署名が集められた。また10月19日には、年金改革実現総決起集会と都心デモが展開された。

修正の具体化にあたっては、主として、与党との政策協議に重点がおかれた。年金法案は、細川内閣、羽田内閣のもとでは継続協議となり、最終的には、村山内閣の成立後、秋から開かれた臨時国会で11月2日に成立した。成立にあたっては、実施時期についてわずかな修正が加えられ、付帯決議で国庫負担引き上げの方向性が示されただけで、連合の修正要求などはほとんど含まれなかった。年金問題については、細川、羽田、村山の3つの連立内閣は、連合にたいしてまったく冷淡だった。しかし、連合は、若干の修正や付帯決議について、組織をあげての与野党への粘り強い働きかけの成果があったと評価した。

この臨時国会では、もう1つの重要な法律が制定された。被爆者援護法（原子爆弾被爆者に対する援護に関する法律）がそれである。原水禁運動のなかでは、原水協のほか旧総評系の原水禁と旧同盟系の核禁会議が併存し、原発問題などをめぐっては主張が対立していたが、連合としては最大限統一をはかるための努力を重ねていた。そのなかで、両団体を含めて一致できる課題が被爆者援護法の制定であり、連合も重要な政策課題として位置づけてきた。最終的には同法は12月9日に成立し、被爆者健康手帳の発行や医療費の無料化などが明記された。この法律では、国債による被爆者一律10万円の特別交付金の支給がもりこまれた以外は、前内閣の法案をそのまま継承していた。原水禁は、制定への努力を認めつつも、被爆者としての認定の範囲が狭いことなどをあげ、不十分な内容であると批判した。とくに長崎原水禁は、村山首相を名指しで「自民党の政策を丸呑みしている」と非難した。連合は、前向きの評価をしつつも、国の補償責任が明記されておらず、不十分な点があるとして、今後も、被爆者・遺族の要求実現をはかるために努力する、とする事務局長談話を発表した。

　なおこの臨時国会は、9月30日から延長を含めて12月9日までの71日間であったが、政府提出法案27件のすべてが成立した。政府提案といっても、新たな構想のもとに積極的に策定されたものはなく、事実上、前政権の置き土産であり、この政権が本格的に政策面での準備があったわけではなかった。

　国会閉幕後12月10日、野党グループの新生党、日本新党、民社党などが参加して、「自由・公正・友愛・共生」の理念をかかげる新進党が結成された。公明党は、国会議員は参加するが、地方議員などは独立の党として活動するという分党方式をとって参加した。これにより、新進党参加の国会議員は、衆議院で178人、参議院で36人となり、衆議院では自民党につぐ第2党となった。しかし、参加をみこまれていた議員のなかでも、大内啓伍前民社党委員長や、東京でローカルパーティの活動の経験をもつ海江田万里衆議院議員など、かなり多くの議員が参加せず、二大政党制の一翼というには不安定な船出であると評された。党首には所属の国会議員投票の結果海部俊樹元首相が選出され、幹事長には小沢一郎・前新生党代表が無投票で就任した。この段階で、旧同盟などの支援を受けてきた民社党は解党した。

　一方、社会党の方は、全電通、電機連合などの要求もあり、社民リベラル勢力を結集した新党を結成することを党議で決めていた。この方針に、同党の久保旦書記長は積極的な姿勢を示したが、村山委員長は消極的で、具体的な進展をみせなかった。新党により社民リベラル結集を積極的に支持する議員グループは、山花貞夫前委員長を会長とする新民主連合を結成していた。このグループは、村山委員長が、新党に消極的なのをみて、社会党を離党して活動を行うことを決め、1995年1月17日に、離党届けを提出し、新党活動を行うとしていた。しかし、ちょうどこの日、阪神・淡路大震災が発生し、その活動は中断されることとなった。

2. 阪神・淡路大震災と不況の深刻化

◇芦田執行部の政労会談と雇用問題

　この臨時国会の開会中の 12 月 13 日、芦田執行部になってはじめての政労会談が行われた。この会談は新執行部として、あらためて今日の連合としての総合的な政策要求の実現を政府に迫る場となった。この会談には、芦田会長、後藤会長代行、鷲尾事務局長と 5 人の副会長が参加した。連合・山岸前会長は、村山内閣の成立時に、政府側からは、自社さの 3 党を代表する、村山首相、河野外相、武村蔵相がトロイカで出席するよう要求し、確認されていたこともあり、政労会談にはこの 3 人が参加した。政府側からはほかに五十嵐広三官房長官と浜本万三労相が加わった。

　会談では、まず芦田会長が、「景気回復の遅れや円高の進行、企業の海外移転などのために雇用失業情勢はきわめて深刻である。労組にとって最大の課題である雇用問題に、政府の方も内需拡大策などで対策をたてることを強く要請する」と発言した。ついで鷲尾事務局長が、政府に手渡した要請書にもとづき、①内需中心の景気対策を求める、②直近の課題として、100 万人の雇用創出策を求める、③不公平税制の是正、インボイス方式への転換を含む消費税の改革、④ 1 年間の介護休業の実現、⑤消防職員の団結権問題の解決、など 12 項目について、具体的な説明を行った。

　村山首相は、新執行部成立に祝辞を述べたあと、連合の要請については、「内容的にはおおむね了解できる」とし、とくに「雇用確保に最大の力点をおく」とし、各項目に言及したが、具体策については、関係閣僚と協議してほしい、というにとどまった。

　このあと、鷲尾事務局長からうながされるかたちで、自民党の代表格としての河野外相、さきがけの代表格としての武村蔵相がそれぞれ発言した。河野外相は「与党 3 党の政策調整はびっくりするくらい粘り強く議論しており、うまく機能している」とし、武村蔵相

参考資料 雇用統計の推移

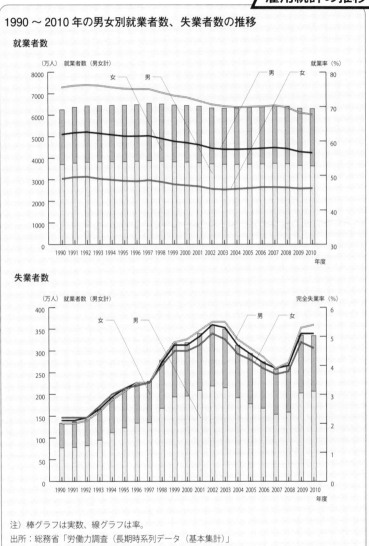

1990 ～ 2010 年の男女別就業者数、失業者数の推移

就業者数

失業者数

注）棒グラフは実数、線グラフは率。

出所：総務省「労働力調査（長期時系列データ（基本集計））」

もこれに同調した。

　雇用問題が政労会談で中心的な論題となったのは、この間、雇用情勢が急速に悪化していたためであった。景気自体は、1994年の第3四半期（7〜9月）には、連合が強く要請して実現した所得税減税に加え、猛暑の影響もあって消費需要が拡大し、実質経済成長率は年率で3.5％とかなりの伸びをみせたが、第4四半期になると実質経済成長率はマイナス3.4％と大きく落ち込んでいた。大型の公共投資によって景気の下支えが行われたものの、将来の雇用不安と低下する賃上げにより労働者家計の節約ムードを生んだことがその原因とみられた。企業利益の方は改善が示されていたが、その要因は、売り上げ増によるものではなく、大企業から中小企業にいたるまでの製造業を中心とした各産業に広く展開されていた雇用調整による人件費の軽減によるものだった。

　雇用調整といっても、連合傘下の組合が存在する主要企業では、指名解雇は基本的になく、希望退職募集などによって短期的・直接的に人員減をはかる手法も全面化したわけではなかった。そのかわり、退職者のあとを補充せずに、人員削減を行うことが通常のこととなった。そのため、学卒の新規採用は著しく低下した。文部省調査では、1995年3月の大学・短大卒業者の前年12月時点での就職内定者は男性89.0％、女性74.4％と、女性にとくに厳しい数値が示されていた。中小企業では、倒産企業も多く、連合の試算によると、倒産企業の従業員数は年間10万人を超える状況となっていた。失業率も1994年7月時点で3％をこえた。

　雇用問題はすでに1994年春闘の段階から大きな課題となっていたが、芦田執行部の成立以降、連合はさらに大きな課題として、取り組むこととなった。芦田執行部が選出された10月6日の連合中央委員会は、「95春季生活闘争基本構想」をきめたが、そのなかでは雇用対策は生活闘争と並ぶ最重要課題と位置づけられていた。その内容としては、「雇用確保はもとより、積極的な雇用創出を目指

して、政府と経営者に‘雇用確保・安定・雇用創出’策を具体化させていく」としていた。

　連合は 11 月 30 日に、日比谷野外音楽堂で、95 政策・制度要求実現総決起集会を開いた。ここでは、①生活者重視の内需拡大、② 100 万人雇用創出、③円高是正・物価対策、④ 5.5 兆円減税継続と抜本的税制改革、⑤介護休業制度の法制化の 5 つのスローガンがかかげられていた。連合は、雇用問題の主軸を経済政策上の課題としてとらえていた。12 月 8 日の政労会談での連合側の対政府要求もこうした立場にもとづいたものだった。

　また 12 月 5 日には、連合、連合総研と日経連が共同で主催する雇用創出シンポジウムが開かれた。ここで行われたパネルディスカッションの席上、衛藤瓣一郎鉄鋼労連委員長は、失業率 3％ というが、企業内失業率をカウントすると 5 ～ 6％ となり、事態はきわめて深刻で、これを解決するには思い切った施策で 3％ 成長を実現させなければならない、と主張した。柴田守商業労連会長は、景気回復のためには個人消費の回復が不可欠であるが、そのためには時短が必要だと主張した。これに対して、日経連の成瀬健生常務理事は、職業紹介、労働者派遣の大幅な自由化の必要性を強調するとともに、最近、政府の財政・金融政策が無効になってきており、企業を活性化するために規制緩和を実現してほしい、と主張した。

　連合傘下の産別においても、雇用問題が大きな課題として浮上していた。高炉各社を含め、経営者側が大規模な人員削減計画をうちだしている鉄鋼では、鉄鋼労連は、①産業・企業内におけるリストラ問題に対し、雇用確保を基本に対処していく、②マクロレベルにおける持続的な経済成長が可能な経済の枠組みを再構築するため、諸施策の実行を求める、とする方針を決めていた。同じく、大手各社で人員削減が進行していた電機連合では、雇用合理化の発生は未然に排除するとしつつ、長期的には、消費者動向、情報通信システムのあり方、海外進出などの問題点について検討を進めるとした。ものづくりの中小企

業の労組が多く所属する金属機械でも、ゼンキン連合の所属組合など
とも連携を強めて産業政策のとりまとめを急ぐとしていた。この段階
では、ナショナルセンターとしての連合も、各産別も、雇用問題への
対応を、主として政策的課題としてとらえていた。

　全労連の方はこれと対照的であった。全労連は9月30日に開い
た「リストラ'合理化'反対、地域経済を守る全国交流集会」の席
上、熊谷金道事務局長が総括したように、「個々の具体的な攻撃に
対し、職場から一人でも首切りを許さない決意での闘い」を基調と
し、地域から全国的なたたかいにしていく、とする方針をたててい
た。全労協は全労連に近い方針をもっていた。

　具体的な事例でいえば、一時帰休に対して支給される雇用保険上
の雇用調整助成金制度について、連合系の産別が適切な利用を方針
としていたのに対して、全労連系ではこうした制度を利用した雇用
調整そのものに反対する方針をかかげていた。

　実際には、この段階では、解雇反対などをかかげた争議が急増
したわけではなかった。労働省の労働争議調査によると、総争議件
数、争議行為を伴う争議件数と争議損失日数は、全産業でそれぞれ、
1992年1138件、788件、231千日、1993年1064件、657件、116千
日、1994年1136件、628件、85千日であり、総争議件数はほぼ横ば
いで、あとの2つの指標のいずれでも減少した。ただ、総争議のう
ち、解雇反対・被解雇者の復職にかぎってみると、51件、67件、89
件と増加しており、リストラにともなう争議が増加していることは
たしかであった。しかし、圧倒的に多くなっているとはいえず、進
行する人員調整を実施した企業数からみれば、少数にすぎなかった。

◇ヒロセムセン争議

　数少ない解雇反対闘争の争議の一例は、東京・秋葉原の電器街の
家電販売店の労組ヒロセムセン労働組合（電機連合、組合員120人）
のものだった。

　ヒロセ無線では、1993年9月28日、会社側から、組合員全員の解雇が通知された。理由は販売が低迷し、業績回復の見通しがたたないため、とされていた。組合にはまったく寝耳に水だった。平野稔を委員長とする組合側はただちに電機連合本部に支援を要請し、不当解雇撤回、企業再建を要求して会社側と交渉にはいった。交渉にあたっては、組合側も血を流す覚悟で、人員縮小を含む自主再建案も準備した。再建案のなかには、電機連合をつうじてメーカーに仕入れを要請するというプランも含まれていた。しかし、会社側は、「企業再建の話は聞いてもムダ。退職金はだすから解雇に応じろ」という態度に終始したうえ、10月12日には協議をボイコットし、社長は雲隠れしてしまった。もともと会社側は、秋葉原の電器街では数が少ない組合をつぶすための偽装倒産をしかけたといううわさも業界では流れていた。組合側は、東京地方労働委員会に不当労働行為救済を申したてるとともに、東京地裁に地位保全の仮処分を申請した。

　10月30日、ヒロセ無線の3つの店舗ではシャッターがおろされ、出勤した社員がはいれない、という状態となった。事実上のロックアウトだった。組合は、電機連合の支援のもとに、連日のビラ入れ、街頭宣伝活動を行って、争議は本格化した。

　地裁の審尋と地労委による審理が開始されるなか、ようやく交渉が再開され、1994年1月10日までに和解が成立した。和解内容は、労組側が再建を断念し、労働委員会や裁判所への提訴を取り下げることを条件に、会社側は、解雇を白紙撤回し、依願退職の扱いとする、退職金を30％割り増すとともに、就職準備金や闘争経費を会社側が負担することとなっていた。会社が所属していた廣瀬グループへの再就職を認めたが、応募者は一人もいなかった。組合は1月11日に解散大会を行った。

◇1995 春闘の準備

　こうしたなかで、各労組は 1995 年春闘の準備をすすめていた。連合は、1994 年 11 月の中央委員会で、95 春季生活闘争方針を決めていた。このなかでは、賃上げ要求の平均基準としては、定期昇給分 5600 円＋物価上昇分 1700 円＋生活向上分 6700 円を積み上げ、1 万 4000 円を中心にし、産別自決で闘争をすすめるものとしていた。この要求にあたってとくに重視されたのは、個別賃金と「額」であった。中央委員会や討論集会で、鷲尾事務局長はとくに「額」による要求・妥結、「率から額へ」の移行の重要性を強調した。「額」による妥結がなければ、格差の縮小は前進できない、というのがその理由だった。鷲尾事務局長は「本来は個別賃金で要求し、妥結すべきであるが、各労組とも長い伝統と事情があるので、個別賃金へ移行する一段階として、額要求・額妥結でいこうということだ」と説明した。

　鷲尾連合事務局長は、賃上げの妥結率が年々下がり続け、企業規模間の格差も拡大しつづける春闘の改革に意欲をもやしていた。鷲尾事務局長の春闘改革構想には、もう 1 つの点があった。それは、私鉄総連の中央委員会で述べたように、金属労協グループの決着の前に、私鉄、電力、NTT などの公益グループや化学の一部が先行して、相場形成に影響を与えようというものであった。

　連合の中央委員会では、個別賃金では、高卒 35 歳・勤続 17 年で純ベースアップ分で 9300 円引き上げ、31 万 8300 円とすること、18 歳高卒初任給を 4600 円引き上げて 15 万 8100 円とすることも求めていた。最低賃金引き上げの取り組みについては、産業別最低賃金と全従業員対象の企業別最低賃金の協約化に取り組み、法定地域最賃の引き上げに連動させる、としていた。いわゆるヤマ場については、3 月 15、16 日に設定した。

　このような方針をうけて、産別レベルでも、従来の方式を転換しようとする動きが示された。たとえば電機連合では、1995 年春闘

から、賃上げについて従来の平均引き上げ率から個別賃金の引き上
げに変更して交渉に臨むこととしていた。電機連合では、4 つの段
階で個別賃金を整理していた。すなわち、最終段階では、個別ポイ
ントの賃金水準を決めるというもので、高卒定期入社者（標準労働
者、35 歳、生産労働者、勤続 17 年）の最低賃金水準を決める、その
前段階（第 3 段階）では、水準の低いところは金額で高い要求をし、
産業内の格差を解消する、さらにその前段階（第 2 段階）では、同
額要求・同額決着により格差縮小をはかる、そして第 1 段階では引
き上げ率で要求する、というもので、1995 年は第 1 段階にあたる、
とされてきた。しかし、連合が「額要求」方式とすることをきめた
ため、1995 年段階から第 2 段階にあたる「額要求」にきりかえた。
ここでの要求額は 1 万 3500 円とされた。

　1995 年 1 月 12 日、日経連の臨時総会は、労働問題研究委員会報
告を発表した。その内容は、国民経済レベルで生産性の向上がない
かぎり賃上げの余地はない、②横並び、世間相場重視という賃金決
定方式は再検討すべきである、などとするものであった。こうし
た主張は、すでに前年 12 月 15 日の連合と日経連の定期懇談会のさ
い、永野健会長から、これ以上の賃上げは生産拠点の海外移転を加
速させる、として賃上げゼロの方針が明示されていたものと同じで
あった。連合はただちに、「'賃上げ・時短'こそが円高是正、雇用
安定、産業発展を創り出す」とする連合の見解を発表した。

◇阪神・淡路大震災

　1995 年春闘が本番にさしかかろうとする寸前、1 月 17 日午前 5
時 46 分、巨大な地震が阪神地方を襲った。のちに阪神・淡路大震
災と名付けられるこの地震は、兵庫県の淡路島・淡路市（当時は北
淡町）を震源とする断層型のもので、地震の規模はマグニチュード
7.3、震源の深さは 16km であった。淡路島、神戸市（中央区など）と
宝塚市など周辺の市で、震度 7 を観測し、大阪府でも大阪市・西淀

川区、豊中市などで震度6が観測された。阪神地区を中心に、北は京都、東は奈良、西は岡山、南は徳島、和歌山にいたる広い範囲で、甚大な被害が発生した。死者・行方不明者は6400人以上、負傷者は4万3700人以上、家屋の全壊・半壊・全焼・半焼25万戸以上に及んだ。連合の組合員・家族のなかからも、死傷者は8000人以上におよんだ。死者の圧倒的多くは家屋の倒壊による圧死とみられた。もともと地価が低い断層地帯に木造住宅が建てられていたこともあって低所得者の被害が多かった。また、ゴム産業など、神戸市内に集中立地していた中小・零細企業では被害がより甚大だった。道路も高速道路の崩落を含め、7000カ所以上で損壊し、阪神地域の道路網は寸断された。

阪神・淡路大震災は、当該の地域に大きな被害をもたらしただけでなく、日本全体の政治、経済、社会にたいしても、大きな影響を与えることとなった。労働運動についても例外ではなかった。

連合は、震災発生と間を置かず、連合兵庫と協力して現地に対策本部を設置し、被災者への救援活動にのりだした。傘下の産別組織・地方連合会は、それぞれの組織の特徴を生かしてこの救援活動に参加した。

連合と各産別組織の救援活動は4つの分野ですすめられた。

1つは、自分たちの仕事と生活の再建だった。大地震と火災は、生活の場を破壊する一方、建物や設備を破壊して仕事の場に大損害を与えていた。自分たちの生活を維持するためにも、社会的・経済的に地域の再建を果たすためにも、その救援・再建が不可欠であった。直接的な課題は雇用問題であった。これには連合兵庫やコミュニティ・ユニオンなどが設置したホットラインが大きな役割を果たした。一方的な解雇も多かった。これに対しては、企業と交渉して解雇を撤回させて休業補償をかちとったり、再雇用の約束をとりつけたりするケースが多かった。また、解雇がやむをえないと認められた場合にも、ハローワークとも交渉して、雇用保険の遡及適用を

かちとり、当面の生活の維持をはかった、というケースもあった。

　連合傘下ではなかったが、港の日々雇いの荷扱い労働者を組織する全国港湾は、震災直後に災害対策本部を設置した。その基本方針は「一人の失業、一社の倒産もださせない」だった。神戸港の施設の破壊で、貨物船が他の港にまわるようになり、荷役作業は長期にわたって減少した。全国港湾は、業者と関係行政機関と交渉をもち、荷扱いには通常の2倍の人手をかける、海上ルートで運搬される救援物資のとり扱いに港湾労働者を活用する、港と市街地の両方のガレキ処理などの作業に参加する、などで就業を最大限に守った。また、港湾労働法上、就労は原則として登録されている港に限定されているが、これも当局と交渉して広域就労を可能とした。こうした手段をとっても、実際には長期にわたって仕事量は通常の70%程度にとどまったが、労働組合があいだにはいり、共同雇用のかたちをとって、仕事を均等化して窮状に耐えた。

　連合が中心となって実施した2つめの救援活動は緊急カンパの実施だった。震災直後に、連合・愛のカンパから兵庫県に1000万円が贈られ、産別と地方連合会の双方で、募金活動が展開された。8月末の連合の集約では、募金の総額は7億1000万円を超えた。

　3つめは、ボランティア活動の展開だった。日本全体をとっても、阪神・淡路大震災に際してのボランティア活動の展開で、1995年はボランティア元年とされるが、労働運動にとっても、ボランティアというかたちでの大規模な活動ははじめての経験だった。連合が掌握したボランティアは、1月23日にチャーター船で上陸した近畿4府県の48人を手始めに3月までで延べ5万人以上にのぼった。

　連合のボランティアは、産別もしくは地方連合会が主導し、組織的に活動したことが特徴だった。たとえば、全水労加盟の東水労（東京水道労組）は、事前に近隣の水道労組委員長らが現地を視察し、1月30日から組合員のボランティアを派遣した。派遣先は、被害をうけていない水道事務所で、そこを拠点に3つの班を組織して活

動した。そのうちの1つの班は、断水状態となっている近隣の人たちへの給水活動に携わった。こうした活動を通じて、当時進行していた水道事業の委託化、集中制御による無人化の進行などで、災害時に対応できる人的資源が、水道部門から少なくなったことも実感した、という。

連合のボランティア活動への参加は、労働組合とNPOなどとの新しい関係をつくりだした。4月18日には、さわやか福祉財団、長寿社会文化協会とともに、市民・連合ボランティアネットワークが発足した。呼びかけ人代表は堀田力・さわやか福祉財団理事長だった。ネットワーク設立後、連合は財政面と人材の面で積極的に協力した。

4つめの分野は、政策・制度面だった。1月20日と2月3日、6日に、芦田会長、鷲尾事務局長が政府と各政党に対して政策上の申し入れを行った。そのなかでは、10兆円の補正予算の編成といったこともふくまれていたが、中心となったのは、雇用・労働対策だった。そのなかでは、雇用保険法、雇用対策法の弾力的運用による雇用の安定と大規模な復興公共事業による雇用の創出、被災による休業労働者の救済、パートタイム労働者、零細自営業者などへの労災保険・雇用保険の拡大適用、などが含まれた。

これらとは別に、活動としてはのち、長期にわたることとなるが、労働運動・社会運動として大きな成果をあげたのは、自然災害への公的な支援制度の確立であった。従来の法体系のもとでは、自然災害による損害への対処は自助を原則としていた。村山首相も2月24日の衆議院本会議で、官僚の用意した答弁メモにしたがって、「自然災害により個人が被害を受けた場合には、自助努力による回復が原則」であると述べて、公的な救援金の給付については否定的な考え方を示していた。金銭での支援はもっぱらいわゆる義援金に頼ることとなっていた。

これに対して、たちあがったのは全労済だった。被災した全労済の利用者（組合員）は約20万人で、支出した見舞金と共済金の合計

は 186 億円と全労済発足以来最大の規模となった。しかし、1 人当たりで平均すればわずかな額にすぎず、個人の力だけで日常生活や住宅の再建がおぼつかないことは明らかだった。

　阪神・淡路大震災からおよそ 3 カ月後の 4 月 28 日、全労済のシンクタンクである全労済協会が、都市災害の様々な問題を検証するフォーラムを開催した。席上、全労済の勝倉和男専務理事は「地震による被害発生率は統計上算定しにくく、全労済や民間の保険では保障に限界があり、風水害と地震をあわせた危険を分散した全国的共済制度の創設」が必要であると訴えた。この提言をきっかけとして、6 月、全労済協会の中に労働界・経営者団体はじめ各界のオピニオンリーダーによるプロジェクトを発足させた。このプロジェクトは、「地震国家・台風国家といわれるわが国においては、相互扶助・社会連帯の立場に立って、税による国民的な保障制度をナショナルミニマムとして実現すべきである」という「自然災害に対する国民的保障制度の提言」をまとめた。このなかではとくに生活再建の基盤としての住宅の再建が強調された。

　全労済協会は、この提言に賛同する連合、日本生協連、兵庫県などと 1996 年 7 月 19 日、「自然災害に対する国民的保障制度を求める国民会議」を立ち上げた。「国民会議」は、「被災者の住宅再建のための審議会の設置」を国に求め、署名活動を展開することを決めた。有権者数 1 億人、投票率 50% としてその過半数の 2,500 万人の民意を署名で達成しようというのがその考えだった。その本部事務局は全労済協会がにない、必要な経費の多くも全労済が負担した。さらに全労済の都道府県本部が中心になり、1996 年 8 月から 12 月までの 5 カ月間に全都道府県に県民会議を設置し、集中した署名活動を展開した。阪神・淡路大震災から 2 年目の 1997 年 1 月 17 日には、全国 203 カ所の街頭に 3,500 名の労働組合と協同組合の役員が立ち、市民に署名を呼びかけた。こうした結果、わずか半年余りの期間に全労済・連合で 1 千万、日本生協連が 1 千万、兵庫県

が500万、合わせて2,500万筆を超える署名が集約された。生協のなかでは、コープこうべの活動がきわだっていた。このような連携には中央と地方の労福協も大きな役割を演じた。

　1997年2月20日、10台のトラックを連ねて署名簿が首相官邸に運ばれ、村山内閣を引きついでいた橋本内閣の梶山静六官房長官に住宅再建支援を柱とする審議会設置を要請した。しかし、官房長官は「署名の重みを政府としても受け止め橋本総理大臣に伝える」と答えたものの、「私有財産制度のもとでは、個人の財産は自由かつ排他的に処分し得るかわりに、個人の財産は個人の責任の下に維持することが原則である」「私有財産である住宅を税で保障することはありえない」と述べ、否定的な態度に終始した。

　政府があてにならないことかはっきりしたのち、国民会議は、1997年7月、「議員立法」による住宅再建支援の法案策定をすすめるという新しい方針をうちだした。超党派の「日本を地震から守る国会議員の会」や生活再建支援制度の創設を決議した全国知事会とも歩調を合わせて立法化を目指すことにした。

　法案取りまとめは難航をきわめた。とくに住宅再建支援については大蔵省など関係省庁が激しく抵抗した。こうして難産の末に1998年5月15日、「被災者生活再建支援法」がようやく誕生した。国会では、共産党を除く全政党が賛成した。最初の段階では、支援金100万円、使途はあくまでも「生活再建」の支援というのが建前だった。住宅再建については、付則に「住宅が全半壊した世帯に対する住宅再建支援の在り方については、総合的な見地から検討を行うものとし、そのために必要な措置が講ぜられるものとする」という内容が盛り込まれた。実際に2004年と2007年の改正で、支援金は300万円に増額され、住宅関連費用の支出も認められるようになった。

　しかし、この法律でも、住宅を含む生活再建に国が全面的に理念として責任と補償を認めたわけではなかった。国は、支援金の2分の1を補助するというにとどまっている。しかし、労働者自主福祉

事業である全労済を起点として、労働組合、生協、自治体、それに党派を超える国会議員の連携が大きな成果をうみだしたことはたしかであった。

コラム　被災者生活再建支援法の内容（2019年現在）

1. 制度の趣旨

　自然災害によりその生活基盤に著しい被害を受けた者に対し、都道府県が相互扶助の観点から拠出した基金を活用して被災者生活再建支援金を支給することにより、その生活の再建を支援し、もって住民の生活の安定と被災地の速やかな復興に資することを目的とする。

2. 制度の対象となる自然災害

　10世帯以上の住宅全壊被害が発生した市町村等

3. 制度の対象となる被災世帯

　上記の自然災害により

① 住宅が「全壊」した世帯

② 住宅が半壊、又は住宅の敷地に被害が生じ、その住宅をやむを得ず解体した世帯

③ 災害による危険な状態が継続し、住宅に居住不能な状態が長期間継続している世帯

④ 住宅が半壊し、大規模な補修を行わなければ居住することが困難な世帯（大規模半壊世帯）

4. 支援金の支給額

	基礎支援金 （住宅の被害程度）	加算支援金 （住宅の再建方法）		計
①全　壊	100万円	建設・購入	200万円	300万円
②解　体		補修	100万円	200万円
③長期避難		賃借（公営住宅を除く）	50万円	150万円
④大規模 　半　壊	50万円	建設・購入	200万円	250万円
		補修	100万円	150万円
		賃借（公営住宅を除く）	50万円	100万円

（※世帯人数が1人の場合は、各該当欄の金額の3/4の額）

◇春闘改革は不成功

　阪神・淡路大震災のあと、各種の救援活動の展開とともに、日経
連との定期協議、中小共闘センターの討論集会、闘争開始宣言集会
など 1995 年春闘をめぐる活動が展開されていた。産別、企業別の
レベルでも、最大のヤマ場である 3 月 22、23 日にむけて交渉が本
格化した。この年には 3 月 15 日に前段のもう 1 つのヤマ場も設定
されていた。ここでは、金属労協の集中回答の前段に、全電通や私
鉄総連など、いわゆる公益産業グループが前にでて、JC 回答を引
き上げる役割を演ずることが期待されていた。

　しかし、この春闘にも大震災は大きな影響を与えていた。春闘で
大手企業労組の強固な統一闘争を組んできた私鉄総連では、震災で
大きな被害をうけた阪急と阪神が統一闘争を離脱することを求め、
私鉄総連もこれを認めた。この両労組は関西私鉄の軸としての位置
をもっていたから、産別としての統一闘争に甚大な打撃を与えるこ
ととなった。ともにライフライン事業に携わる電力総連と全電通で
は、復興対策を推進しなければならないということで、例年とは異
なり、スト権を確立しないまま、交渉に臨むことをきめた。両組織
ともに、震災復興に不可欠な電力・通信インフラの復旧のため、震
災の被害を受けた阪神地区だけでなく、応援態勢を敷いていた全国
の組合組織でスト権投票を実施する余裕はなかった。

　3 月 2 日には、連合は戦術委員会を開き、強力な交渉を継続して、
最大のヤマ場を迎えることを確認した。3 月 3 日、ヤマ場としてい
た時期よりはるかに早い段階で、全電通（NTT 労組）が賃金交渉を
妥結した。妥結金額は平均 9300 円で、前年妥結額より額としては
1500 円低い水準であった。要求提出からはわずか 9 日間という電
撃的な妥結であったが、震災復興へ全力をつくすために早期に妥結
することは、全電通梶本幸治委員長から芦田連合会長に伝えられて
いた。

　全電通の梶本委員長は同日夜の記者会見で、「実質賃金をクリア

ーでき、組合員に対する最低限ギリギリの義務を果たしえた」「全
国から 2 万人近い NTT 労働者が日々交替で現地に派遣されており、
全組合員の一票投票によるスト権確立は不可能な現実の中で、情報
インフラに携わる労働者として、限りなく早期に妥結をはかり、国
家的優先課題である情報インフラの復旧復興に全力をあげるべきと
判断した」とする見解を示した。実質賃金についての梶本委員長の
見解は事実に即していた。妥結額 9300 円は、率にすると 2.8% で
あったが、定期昇給分 2%、前年物価上昇率 0.6% をひいても、な
おわずかながら残りがあって、実質賃金 + α という基準をクリア
ーしていた。

　しかし、賃上げの金額だけをみると、前年以上という想定より低
い額・率が示されたことになり、春闘全体に大きなマイナスの影響
を与えると想定された。連合の芦田会長は、「大震災があったとは
いえ、景気が回復しつつあるなかで、昨年実績をクリアーできなか
ったことは遺憾である」とする談話をだした。鷲尾事務局長は、3
月 6 日に開かれた連合の緊急戦術委員会のあとの記者会見で、「こ
れはあくまで、全電通の特殊事情だ。これに経営者が悪のりをして
相場にしてしまうのをたちきらなければならない」と述べた。

　この年の春闘には、労働組合にとっては円高の進展というもう 1
つの悪材料があった。アメリカのクリントン政権のもとでのドル高
是正策もあって、1995 年には、円高が急速に進展し、春闘のヤマ
場にさしかかって 3 月中旬には 1 ドル 90 円の水準となっていた。
円高はこのあともさらに進展し、4 月 19 日には、1 ドルが 79 円 75
銭を記録した。この記録は、2019 年現在破られていない。いった
ん回復にむかっていた景気も停滞気味となった。

　のち、経企庁が 6 月に発表した 1995 年の実質経済成長率は 0.6%
だった。物価の上昇率はマイナスで、名目成長率は 0.3% だった。
これものちのことであるが、東証株価指数は、1995 年 7 月 3 日に
バブル崩壊後の最安値となる 1 万 4295 円をつけた。

　1995年4月19日、ドル円は変動相場制移行後の最高値1ドル＝79円75銭を記録した。

　円は1990年の160円台から、1994年には100円を割り込むところまで高くなっていった。

　円高が進むと、輸出が減少するはずだが、国内販売が不振な日本企業は、輸出攻勢を継続した。

　こうしたなか、アメリカのクリントン大統領は、1993年4月の日米首脳会談で「貿易不均衡の是正には円高が有効」と発言。円高誘導を狙い、結果的に大きな円高圧力が市場にふりかかった。1995年4月19日には1ドル79円台まで進行した。その後、日銀が史上最大規模の為替介入を行ったことなどでドル円は急速に上昇し、9月には100円台まで戻すこととなった。

　3年後の1998年にはドル円は147円まで戻した。

為替レートの変動（1990年〜2010年）

出所：日本銀行「時系列統計データ」

84

こうした経済情勢のもとで、全電通の妥結はこの年の賃上げ相場のある種の基準となった。ある種の、というのは、前年に比較してどの程度引き下げるのか、ということである。3月20日の通勤時の東京地下鉄3線で、オウム真理教による地下鉄サリン事件が発生して、死者11人を含む多数の死傷者をだしたが、3月22日には、予定通り、95春闘の最大のヤマ場であり、金属労協の集中回答日を迎えた。ここでだされた回答の概要はつぎの通りであった。

鉄鋼、神戸製鋼を除く大手5組合・35歳標準労働者で3500円（1.12%、ただしベースアップはなく、定期昇給のみ）、電機連合大手15組合平均ベースアップ額7712～8479円（率は2.95%で統一）、自動車総連大手11組合賃上げ6800～8700円（2.61～3.05%）。このうち、パターンセッターのトヨタは、賃上げ8700円（2.83%）であった。

翌24日にかけて、電力・私鉄に回答がだされ、妥結したが、東京電力では平均7700円（2.84%）、私鉄大手は東急で9950円（3.15%）だった。このうち電力は、経営者側が、前年の妥結率がNTTより0.3ポイント下まわっていたので、その慣例にしたがって2.8-0.3で2.5としたい、と主張したが、組合側は粘って、NTTより高い水準にもちこんだ。自動車と電力も結果的にはNTTが基準となり、それよりわずかに高い水準で妥結した。私鉄は、NTTよりかなり高いようにみえるが、額では、前年はNTTより1500円低かったものが、この年は1450円低い水準での妥結であり、やはりNTTが基準となった。連合の集計では、民間の平均引き上げ率で2.80%と、偶然とはいえ、NTTの水準に並んだ。

注目されたのは、ダイエー労組の妥結で、震災による赤字決算のため、定期昇給のみで妥結した。ベースアップがゼロとなったのは、創業以来はじめてのことであった。翌年以降のことを考えると、この妥結は、先駆的な意味をもっていた。

電機連合の岩山保雄委員長は、妥結後の記者会見で、ヤケクソ気味のギャグをまじえて、「大震災、円高、相場の冷え込みの3つの

要因で、サンケツ（酸欠）状態となり、3に至らなかった」と述べた。ここに示されるように、鷲尾事務局長の主導のもとで展開するはずだった連合の春季生活闘争の改革は2つの意味で挫折していた。1つは賃上げでは「額」を徹底する、という考えだったが、結果的には、産別間ではほとんどすべて「率」での比較に終始した。もう1つは、トヨタだけをパターンセッターとするのではなく、公益部門である全電通、電力総連、私鉄総連をもう1つパターンセッターとすることで、相場を引き上げるという方針だった。この点では、たしかに全電通は前にでたもののそれは相場を引き上げる役割を果たすことはできなかった。新しい春季生活闘争の方針を推進した連合の鷲尾事務局長は、3月24日の記者会見で「春季生活闘争改革は、結果は十分な成果はなかったが、方向性はまちがっていない」と述べた。

　全労連は、3万5000円以上の賃上げをかかげ、運輸一般、JMIUなど一部の産別が統一ストを実施したが、賃上げは、全労連産別の単純平均で、9864円、3.48%にとどまった。前年比では額・率ともに低下した。

◇介護休業制度をめぐって

　賃上げのヤマ場がおわったあと、連合は政策・制度闘争を展開したが、大震災対策、雇用創出とならんで、当面の課題として連合がもっとも重視したのは、介護休業の制度化であった。

　連合は、高齢社会に対応して、職業生活と家族のケアの両立をはかるために、育児と介護の社会制度の充実を求めてきた。こうした連合の動きのうち、育児については、1992年に育児休業法が施行されていた。介護にかんしては、従来、厚生省は、日本の家族介護は、日本の美風であるとする立場にたち、特別のケースを対象とする措置制度による部分的な施設介護以外には公的な制度をもっていなかった。家族介護の圧倒的な部分は、母、妻、娘、つまり女性が

家庭のなかで担っており、雇用における男女平等を妨げる大きな要素の 1 つであった。このため、働く女性を中心に 1980 年代から「介護の社会化」を求める声が大きくなっていた。

　「介護の社会化」とは、家族外の介護資源を活用することを意味する。これには、施設介護と在宅介護の 2 種類があり、福祉国家型の北欧などでは施設介護を基軸としてきたが、厚生省などはこれにはコストがかかりすぎるとして、在宅介護を中心とし、これを費用面で補償する制度を検討していた。補償の仕組みとしては、公費によるものと、社会保険によるものとの 2 種類がありうるが、細川内閣の国民福祉税構想が挫折して以降は、厚生省の考え方は社会保険方式に一本化された。これが介護保険につながる。介護保険については、連合は、最初、否定的であった。日経連も同様であった。連合としては、労働者側の社会保険料負担が増加し、可処分所得が減少することに危惧をもっていた。

　先行したのは、もう 1 つの側面で、労働者が家族の介護に必要な時間を介護休業のかたちで保障しようというものであった。これは、完全な意味での介護の社会化とはいえなかったが、家族介護を前提として、その社会的な支えをつくろうという趣旨をもっていた。実際に、いくつかの企業では、労働組合の要求もあって介護休暇協定も成立していた。これを法定化しようとしたのが介護休業制度であった。

　1994 年 12 月、労働省は、介護休業法案要綱をまとめ、1995 年 1 月に婦人少年問題審議会、中央労働基準審議会、中央職業安定審議会の 3 つの審議会に諮問した。政府案では、対象を配偶者、父母および子、配偶者の父母とし、一人 1 回、期間は連続する 3 カ月を限度、などとしていた。審議会では、労働側委員は、期間を 1 年にすること、取得形態としては断続も認めること、休業中の生活保障措置を講ずること、施行の時期を早め、中小企業に費用助成を行うこと、などを主張したが、いずれも認められず、3 審議会はいずれ

も、労働省案に対して「おおむね妥当」と答申した。この答申をうけて、政府は育児休業法の一部改正案として国会に提出した。

　各審議会の答申のあと、連合は声明を発表し、労働者の申し出で介護休業を取得できること、育児・介護の支援策を男女にしたこと、などについては評価したが、審議会で労働側委員が主張した点がいれられなかったことで、連合の要求とはほど遠いとした。連合は、与野党に法案修正の申し入れを行うとともに、介護・福祉フォーラムなどを開いて、介護休業法案の修正につとめた。3月の連合中央委員会では、さきの審議会での労働側委員の4点の主張をもりこむ法案修正を求める特別決議が採択された。

　連合幹部は修正を実現するために、与野党をかけめぐった。また、4月4日には、芦田会長、鷲尾事務局長らが村山首相と政労会談を行ったさいにも、重点項目として、介護休業法案の修正が強く要求された。席上、鷲尾連合事務局長と五十嵐官房長官とのあいだでは、激しいやりとりまであったが、結局、村山首相はどの修正も認めようとはしなかった。村山首相は、ここでは、前年の年金法改正とおなじくほんらいの支持基盤である労働組合には耳をかさず、官僚が用意したすじ書きに乗るという立場になってしまっていた。野党である新進党は、連合の案に近い別の案を議員立法として提出していた。

　5月16日には、育児休業法改正案は衆議院で可決された。可決にあたって、与党3党による修正として、「事業主は法律の施行以前に、可能な限り早期に介護休業制度創設に努力すること」などとするわずかな努力義務規定を付け加えた。同法は参議院では6月5日に可決成立し育児・介護休業法となった。その際、介護を必要とする期間、回数については最低基準を上回るよう労使に努力を促す、などの付帯決議がつけられた。成立にあたって、連合は「取得回数などの修正も努力義務にとどまり、きわめて不十分」と批判し、「介護休業・短時間勤務制度をすべての企業、とくに中小企業

で早急に導入するよう取り組みをいっそう強める」との見解を発表した。介護休業制度の成立については、全労連も事務局長談話としてほぼおなじ立場を表明した。

　なお、介護休業制度とは別に、連合の政策・制度活動では、大きな論点となった課題があった。1995年5月に開かれた連合の政策・制度中央討論集会の席上、毎年提起される「要求と提言」のなかに、プルトニュウム利用の問題がとりあげられていた。本部が提起した原案では、プルトニュウム利用について、「原子力利用のつぎのステップである」と位置づけ、「エネルギーの安定確保の観点から、各種の技術の確立をはかりながら、先を急ぐことなく研究・開発の継続をはかる」としていた。討論集会では、多くの産別から「踏み込みすぎ」とする異論が多くだされ、本部側で修正することとなった。6月の中央委員会には、本部側からは、位置づけの部分が削除され、また「安全性の確保を最優先」という文言が追加された案が示された。

◇日経連「新時代の『日本的経営』」

　これも春闘が一段落したあとの1995年5月16日、日経連は「新時代の『日本的経営』」と題する提言を発表した。このなかで、もっとも注目された部分は雇用のあり方にかかわるものだった。日本では、少なくともいわゆる大企業においては、新卒採用から定年までの終身雇用制度がふつうのこととして受け入れられてきた。「新時代の『日本的経営』」は、このような時代は、もはや終りにすべきであるとし、労働者を長期蓄積能力活用型、高度専門能力活用型、雇用柔軟型の3つのグループにわけてポートフォリオ型雇用で管理すべきであると主張した（コラム参照）。期間の定めのない雇用契約、つまり終身雇用制は、長期蓄積能力活用型だけに限定され、残りは有期雇用契約によるものとされた。長期勤続、終身雇用制度の対象となる労働者をごく限定された範囲にとどめるべきだという

のが、この提言の趣旨であった。

「新時代の『日本的経営』」

1995年5月16日、日経連が発表した「新時代の『日本的経営』」は、労働者を長期蓄積能力活用型、高度専門能力活用型、雇用柔軟型3つのグループにわけて管理するポートフォリオ型雇用としたが、その内容はつぎの表にまとめられていた。

	「長期蓄積能力 活用型グループ」	「高度専門能力 活用型グループ」	「雇用柔軟型 グループ」
雇用 形態	期間の定めのない 雇用契約	有期雇用契約	有期雇用契約
対象	管理職・総合職・ 技能部門の基幹職	専門部門 (企画、営業、研究開発等)	一般職 技能部門 販売部門
賃金	月給制か年俸制 職能給 昇給制度	年俸制 業績給 昇給無し	時間給制 職務給 昇給無し
賞与	定率＋業績スライド	成果配分	定率
退職金 年金	ポイント制	なし	なし
昇進 昇格	役職昇進 職能資格昇進	業績評価	上位職務への転換
福祉 施策	生涯総合施策	生活援護施策	生活援護施策

提言の内容はこれにとどまらなかった。賃金のあり方として、定期昇給制度が適用される労働者の範囲を縮小し、業績反映型を拡大することが提示された。あわせて、業績反映型の一時金の比率を高めることも含まれていた。労働時間・勤務体制の面では、裁量労働制のより積極的な活用が提起され、労働基準法上で許される適用対象の拡大が提唱されていた。制度面では、雇用のあり方とかかわって、労働者派遣事業法をポジティブリスト（許可される業種を明示する）型から、ネガティブリスト（禁止される業種を明示する）型への

変更と有料職業紹介事業の推進を求めていた。これらの項目はその後の労働関係法制のあり方に重大な影響をおよぼした。

　日経連の提言は、こうあるべきだという提案を一方的にうちだしたものではなかった。現に進展している、企業レベルの現実をふまえたものだった。毎月勤労統計調査の示したところでは、パート労働者は、1995年には、卸売・小売業・飲食店で常用労働者の約30%に達し、サービス業で15%、製造業でも10%を超えていた。製造業では、それでも1995年には、比率をややさげているが、その原因は、パート労働者がより多く雇用調整の対象となっていたためだった。パートといえば、短時間労働者のようにみえるが、電機産業など製造業では、実際には正規従業員とおなじ労働時間を働くパート労働者も少なくなく、これらの労働者は疑似パートとよばれた。労働省などの統計調査においても、パート労働者の定義は、時間では設定されず、企業などで、パート労働者とよばれているもの、としていた。1985年の労働者派遣事業法によって解禁された派遣労働者も増加し、約60万人に達していた。

　日経連の提言以降、こうしたいわゆる非正規労働者の数は、いっそう、また急速に増加していくことになり、労働組合が対応を迫られることになる。この時期には、ゼンセン同盟のように、パート労働者の組織化に着手した組合もあるが、全体としてはまだ本格的な取り組みにはなっていなかった。東京都労働経済局の調査では、パート解雇で組合との事前協議を行った企業は47%、協議したもののうち、撤回されたものはわずかで、約半数は提案通りに実施されている。

　賃金のあり方についても変化が進行していた。もともと、年功賃金といっても、原型となった電産型賃金の場合にも、能力給部分があり、年々、能力評価部分が拡大することによって、いわゆる職能給部分が増加し、また、企業側による評価対象の部分が増加して、すべての従業員の賃金が一律に上昇していくというわけではなくな

っていた。ただ、労働組合が関与して、査定の幅は一定内に設定され、抑制されているのがふつうだった。春闘における賃金交渉も、ベースアップというかたちで、人件費総額の引き上げ分を決めると、そのあとに配分交渉が行われるのがふつうで、上司による一定の主観的な査定の部分はあったものの、組合員にかんする限り、労使の合意のもとで、集団的なルールのもとで運営されてきた。日経連の提言は、これを企業の業績と個人の業績の2つで測定し、集団的なルールの解体を狙いとするものであった。具体的には企業のレベルでは、年俸制の採用というかたちで、個人的な契約のもとで、成果主義に変える動きが本格化していた。定期昇給についても、この言葉は「毎年賃金が上昇するという意味合いが強く、今後の経営環境の変化にそぐわない」としてその使用はやめ、「昇給」あるいは「昇給制度」という言葉を使用するとした。

　日経連の賃金面での提言はこのような意味を含み、ベースアップと配分交渉をともなう春闘の意義を全面的に否定しようというものであった。

◇**ブリヂストン・ファイアストン争議**

　企業の海外進出にともなって、進出先で重大な争議に遭遇するケースは少なくない。そのもっとも早い現れがブリヂストン・ファイアストン争議だった。世界有数のタイヤメーカーになっていたブリヂストンは1988年、これまた世界有数のタイヤメーカーであるアメリカのファイアストン社を買収してブリヂストン・ファイアストンとして子会社化した。この時期には、1982年（年平均）の1ドル＝240円から1988年の128円まで一気に円高が進行し、対米投資は有利な状態となっていた。またちょうどこの時期は、トヨタ、日産、ホンダの米国工場が稼働しはじめた時期でもあった。ファイアストン側には、欠陥タイヤの供給により、訴訟事件があいついでおり、経営状態が悪化していた。

　ブリヂストン・ファイアストンの労働組合は全米ゴム産業労働組合に属していたが、同社とゴム産業労組との関係は協調的で、連邦労働委員会から表彰を受けたほどだった。しかし転期が 1994 年に訪れた。ブリヂストン・ファイアストンの会社側は、アメリカ以外の国が保有する 3 つのタイヤ企業とともに、賃下げとこれまでの働くうえでのルールの改悪を強烈にうちだした。3 月 21 日以降、労使のあいだで団体交渉が行われたが、会社側は、労組側が当時では業界トップのグッドイヤー社が締結した協約にならうこと、つまりチャンピオンバーゲニング方式に固執しすぎると主張して、3 月 24 日に団体交渉はいったん決裂した。7 月 7 日に団体交渉が再開されたが、組合側が会社側提案を拒否して、7 月 11 日に交渉は決裂した。

　会社側の提案には、①いくつかの職種での 1 時間当たり 5 ドルの賃下げ、②新規雇用者に対する 30% の賃下げ、③健康保険の給付対象の縮小④家族向け健康保険の掛け金として月額 68 ドルの労働者側負担の新設、⑤追加的失業給付と労災補償の縮小、⑥生活費調整給付の生産性へのリンク、⑦週 7 日間操業と残業なしの 1 日 12 時間労働を含むワークルールの変更などが含まれていた。

　労使双方が非難合戦を続けるなかで、ストライキは長期化した。会社側は、7 つの未組織工場で生産を継続する一方、8 月 15 日以降ストライキが行われている工場で、通常の生産を維持するためとして、スト破り要員を雇用しはじめた。1995 年に入ると、1 月 4 日に 4 つの工場で 2000 人規模の代替要員を雇用した。会社側のこの施策は効果をあげ、1 つの支部ではストライキを中止し、無条件で仕事に復帰した。

　争議開始後 6 カ月たった時点から、この争議は政治的性格を帯びることとなった。1995 年 1 月 13 日、クリントン・アメリカ合衆国大統領は声明を発表し、「ブリヂストン・ファイアストン社の経営側が、ストライキ中の労働者に代わる永続的な代替要員を雇用する

一方で、交渉のテーブルにつくことを拒否しているのは、労働争議を解決するための平和的な団体交渉というわが国の伝統をくつがえしている」と述べた。連邦政府はそののち3月8日、合法的なストライキ参加者に代わる労働者を永続的に雇用した場合には政府調達から排除するとする大統領令を発出した。

1月18日、組合側は、新勤務態勢と新規雇用者への賃金30%切り下げなどの譲歩案を示して、交渉の再開を提案したが、会社側はこれを拒否して、交渉は決裂した。2月28日に交渉が再開され、3月23〜24日と4月7日にも交渉が行われたが、前進はなかった。5月7日になって、ゴム労組の重要な支部の1つが、無条件でストライキを中止した。その理由は、会社側が代替要員を雇用して、組合員を解雇するのを回避するためだとされた。組合側はまた、これまで賃金が支払われないスト参加者の生活を支えてきたゴム労組の資金の枯渇を懸念したものとも伝えられた。ついで5月23日に、残りの支部も、賃金引き下げや1日12時間労働など、ほぼ会社側の提案をうけいれるかたちで、無条件で職場に復帰することを決定した。

しかし、これで争議が解決したわけではなかった。会社側が、スト期間中に雇用したスト破り要員を常時雇用とし、ストライキ参加者の一部を就業させることを拒否したためであった。これにたいしては、全国労働関係委員会が不当労働行為で調査を開始し、連邦政府もブリヂストン・ファイアストン社の製品の購入中止の準備をはじめた。この間、全米ゴム労組は、全米鉄鋼労組と合併し、争議の主体は鉄鋼労組となっていたが、鉄鋼労組は7月1日、ブリヂストン・ファイアストン社の製品に対して全国的に不買運動を展開することを決めた。さらに9月の第一月曜日のレーバーディでは、ブリヂストン・ファイアストンの本社があるテネシー州の州都であるナッシュビルで全国から組合員を集めて抗議行動を展開した。

11月には、全国労働委員会は、会社側がただちに解決策を提起

しないと、ストライキ参加者を職場に再就業させないことをもって、不当労働行為と認定すると声明した。これにより、ふたたび交渉が再開されたが、交渉は妥結しないまま翌1996年1、2月段階でも続いていた。2月には全国労働委員会はストライキの終結後もストライキ参加者を再就業させないなどいくつかの事案について、ブリヂストン・ファイアストン社側の不当労働行為を認定した。労働委員会は、会社側は、ストライキ参加者全員が職場復帰したものとしてバックペイを支給するよう命令した。1996年10月31日、ようやく労使間で協定文書が調印され、27カ月間にわたる争議が終結した。ストライキ参加者は、150人をのぞいて職場に復帰した。5000万ドルのバックペイも確保したが、全額ではなかった。こうして全部で27カ月にわたる日系企業での争議は終結した。

全米鉄鋼労組のG.ベッカー委員長は、「基本的にはわれわれは会社に勝利した」と述べた。会社側はたしかに多大な負担をこうむったとはいえ、賃下げやワークルールの変更などでは基本的に当初の意図を貫徹していた。それに組合側が一定の成果を上げえた背景としては当時は民主党政権だったことの影響も大きかった。

ブリヂストン・ファイアストン争議は、アメリカでもまれにみる長期争議だった。その本社は日本にあり、親会社としてのブリヂストンも当事者だった。ブリヂストンには、連合加盟の有力労組であるブリヂストン労組があったが、ブリヂストン労組とゴム連合は、この争議については、「現地の労使問題は現地にまかせる」との方針を堅持して、不介入の立場を守った。

3. 参議院選挙から村山辞任まで

◇統一地方選挙と参議院選挙

1995年は、12年に一度訪れることであるが、統一地方選挙と参議院の通常選挙の両方が実施されることが決まっていた。統一地方

選挙の前半戦は4月9日、後半戦は4月23日、参議院通常選挙は7月23日にそれぞれ投票が行われた。

　統一地方選挙について連合は2月16日の中央執行委員会で「市民の参加で、安心とゆとりのあるまちづくりを」などとする「統一地方選挙に対する重点政策課題」を決定していた。各政党も、政策を発表したが、大きな争点はなかった。統一地方選挙では投票率は知事選挙が微増したほかは、軒並み低下し、有権者の政治離れを印象づけた。また、共産党以外の与野党と連合がこぞって推薦または支持した東京と大阪の知事候補は落選し、東京では青島幸男、大阪では横山ノックが、強力な支持母体をもたないまま当選した。ここでは、投票した有権者のなかでも、政党離れが進行していたことを示していた。こうした政治離れや政党離れは、自社連立政権の成立にみられるような複雑な政治状況やあいつぐ政党の離合集散の結果であるとみられた。この点については、統一地方選挙まえに連合が開いた政治・政策フォーラムで、芦田会長が、「政党の対立軸が不鮮明になっている」のが原因と指摘しており、この点を考慮して、「労組と政党との新しい関係を論議していく必要がある」と述べていた。

　連合内の各産別の動きも複雑だった。新進、社会、公明の各党と連合のすいせん候補・堀達也と自民党などとの対決となった北海道では堀が圧勝した。実質的に自民党と新進党の対決となった3県では、三重（北川正恭）と岩手（増田寛也）で新進党が、秋田（佐々木喜久治）で自民党が勝利した。これらの知事選挙のうち、岩手県では友愛会は増田候補をすいせんしたが、旧総評系の多くは社会党すいせんの別の候補を支援した。三重でも友愛会は北川候補をすいせんしたが、旧総評系は自民、社会がすいせんする対立候補を支援した。秋田では、連合、旧総評が佐々木候補をすいせんしたが、友愛会は推薦しなかった。神奈川、福井、鳥取、福岡、佐賀、大分では、自民、新進、社会、公明（一部組み合わせにちがいがあるが）の

相乗り候補を連合がすいせんして、いずれも当選した。

　43都道府県で実施された都道府県議員選挙では、自民党が議席を減らし、社会党は大敗した。しかし、その穴を新進党は埋めることはできず、無所属の当選者が大幅に増加した。社会党、新進党などに所属する労働組合出身の当選者はかなりの減少となった。その一方で、地方連合会が擁立した67人の政党に所属しない「連合候補」のうち、43人が当選した。連合の統一地方選挙総括では、「連合候補」が前回の28人当選より大きく伸びたことを評価した。

　7月の参議院通常選挙にむけて、連合は4月13日の中央執行委員会で、「チャレンジ!! 4つのシステム」と題する「連合・民主改革連合の基本政策」を決定した。ここでの民主改革連合（民改連）とは、1989年選挙で「政権を担いうる新しい政治勢力の形成に努力する」として1人区の統一候補を擁立してブームを起こし、11人を当選させて、連合の会を結成したものが名称を変更したものであった。基本政策のいう「4つのシステム」とは、安心・安全の社会システム、選択可能な社会システム、活力ある地域システム、参加と責任の政治システムをつくりだす、ということであったが、そのためにどのような政治システムをつくりだすか、という点での言及はなかった。連合内部の産別の支持政党が自民、社会、さきがけの与党グループと、新進党を中心とする野党グループと、いわば与野党にわかれていたために、具体的にどのような政権を実現するかの展望をもつことは不可能だった。

　参議院選挙にあたって連合本体としてもっとも力を注いだのは、民改連の改選議員の当選であった。山形のように、現職の民改連議員をもちながら、現地で自民党と社会党とのあいだで共同候補の話合いが進行していて、その協議が決裂してようやくすいせんが決まるという事情のために、すいせんが遅れたケースもあったが、最終的には、11人の民改連候補を決定した。うち8人は現職であった。連合は、新進、社会、公明党とのあいだで首脳会談を開き、各

党とのあいだで、党全体が支援するケース、各選挙区ごとに対応するケースなどにつき、協力が確認された。そのかわり連合は、社会党と新進党の選挙区候補者を推薦することも確認されていた。この結果、連合は24名のすいせんを決定していたが、2名区の大半では、社会党という政権党と、新進党という野党の両方の公認候補をすいせんするということになった。このため連合としての統一性はここでも著しく欠けることとなった。

　比例区も分裂状態だった。連合加盟の産別からは合計10人の比例区候補者がでたが、このうち7人（自治労2人、全逓、日教組、国公総連、金属機械、電機連合）は社会党公認で、3人（電力総連、ゼンキン連合、自動車総連）が新進党公認だった。

　なお、政党支持の自由をかかげる全労連は、参議院選挙のまえにだしたアピールで、共産党以外のすべての政党が新旧の連立政権でオール与党化し、消費税増税、コメの輸入自由化、年金制度の改悪などの悪法を推進してきた、と非難した。とくに社会党はこれら悪法の強行に加わったとして強い非難の的とされた。アピールはまた、連合についても、新旧連立政権の補完勢力となり、悪法の推進役となったと批判した。実質的にこのアピールは、組合員が共産党に結集するようよびかけるものであった。

　投票の結果、投票率は44.5％と、過半数を割り込み、過去最低となって、統一地方選挙同様、有権者のあいだの政治不信、政党不信がはっきり示された。政党別では、自民党は改選議席を上回るものの、過半数にははるかに及ばない49議席となり、社会党は過去最低の16議席と惨敗した。自、社両党にさきがけを加えた与党は改選議席だけではさきがけを加えてようやく過半数を維持した。一方新進党は40議席を獲得し、自民党につぐ第2党の座を得た。民改連は、2名の当選者にとどまったが、そのうち1名は所属を社会党に変えた。結果として、非改選議席を含めて残留議員は2名となり、実質的に民改連は消滅した。比例区の労組の組織内候補者は

10 人が全員当選した。選挙区での民改連以外の組織内候補者の当選者は新進党 10 人、社会党 7 人だった。3 年前選挙と比較すると、連合の組織内の当選者は 25 名で、前回より 3 人減少した。これには、比例区の擁立が少なくなったことが大きくひびいていた。選挙後 8 月に開かれた連合の中央執行委員会は、参議院選挙の取り組みのまとめを行ない、そのなかで民改連の敗北にかかわって、「"自民党に代わる政権を担いうる新しい政治勢力の結集"について志を同じくする政党が一致結束したときには勝利、分裂したときには敗北することが明確になった」と総括した。

◇社民・リベラル新党の挫折

　統一地方選挙と参議院選挙の時期を通じて、社会党とその周辺では、いわゆる社民・リベラル新党をめぐる動きが活発になっていた。既述のように、いわゆる山花新党は、阪神・淡路大震災の影響もあって挫折していたが、それに代わってさまざまな動きが現れた。海江田万里・衆議院議員が代表となり、社会党の前東京都議会議員らが結集したローカルパーティ・東京市民 21 の結成はそのあらわれだった。東京市民 21 の実際の担い手は若手の前都議会議員たちであった。ただ、このローカルパーティの動きには、すぐには主要な労組は関心をもたなかった。

　6 月には、横路孝弘前北海道知事と鳩山由紀夫・さきがけ代表幹事が民主リベラルフォーラムを結成することを決め、札幌を手始めに全国でシンポジュウムを開くことを決めた。このフォーラムには、東京市民 21 の海江田代表や社会党副書記長で自治労の組織内議員である五島正規らも参加した。さらに参議院選挙後の 8 月には、自治労、全電通、電機連合など 21 の産別組織が参加して、民主リベラル新党結成推進労組会議がつくられた。同会議はリベラルフォーラムと連携するとしていた。9 月になると、東京で社会党支持の労働組合、東京 21、自民・新進両党以外の東京選出の国会議

員などが参加してリベラル結集をめざす東京会議が発足した。ここには社会党を離党していた山花貞夫前社会党委員長も参加していた。

　このような周辺の動きを社会党自身も無視することはできなくなっていた。山花ら離党グループとは異なって、社会党本体は、党の一部で新党をつくるのではなく、まとまって新党に移行するという考えをもっていた。

　5月1日に村山首相が、首相としてははじめてメーデーに参加したあとの5月20日には、社会党がよびかけて、新政治勢力結集準備の最初の会合が開かれた。この会合には、社会党の国会議員、市民運動活動家、労組幹部、ジャーナリスト、弁護士、研究者などが参加した。一部の財界人や元官僚の顔もみられ、多彩な顔ぶれで、リベラル新党への動きへの期待の大きさを示していた。ここで行われた論議の結果、大きな政治勢力を結集するための組織と、自立的に政権構想や政策について論議する呼びかけ人会議の2つの組織を早急に発足させるべきことが確認された。この会合に出席した社会党の久保旦書記長は、「社会党は、2つの保守政党と対抗する第3極の大きな結集のためにワンオブゼムとして参加する」と表明した。

　つづいて5月27日には、社会党全国大会が開かれた。ここでは、代議員から異論もだされたが、全体としては、新しい党は、民主主義・社会的公正・平和を追求する寛容な市民政党で、自民党と新進党の保守二大政党に対抗する第3の極となるものと規定し、この新しい党が出発した時点で社会党は解党する、と決定した。村山委員長自身も冒頭のあいさつで「社民・民主・リベラル勢力の総結集に汗をかかなければならない」と述べた。ただどのようなかたちで結集するかが社会党側から示されたわけではなかった。

　連合は、1994年11月の幹部会で、笹森清政治委員長から提出された「連合の政治方針の方向性メモ」を確認していた。連合の基本

方針は、「二大政党的体制」をめざすことを基本としていたが、笹森メモは、過渡的には第3極の政治勢力結集をめざすとしていた。そのあと、近未来形として、この第3極が主体となって二大政党の一方の極を形成するというのがメモの要点であり、さしあたっては、リベラル結集の方向性を示していた。しかし、構成産別のなかでは、旧民社党支持グループが新進党にかたむいていたこともあり、一丸となってリベラル新党を推進するという状態ではなかった。

　このような雰囲気のなかで、参議院選挙後、社会党も、自党の解党を前提として、自民党、新進党という2つの保守政党と対抗する、リベラル新党の結成にふみきったか、と思われた。9月21日に開かれた社会党の臨時大会では、10月下旬までに可能な限り幅広い政治勢力の連合体として新党を発足させる、社会党自身は新党発足後できるだけ早い時期に解党する、という活動計画を承認した。

　9月24日には、社会党が呼びかけて、新しい政治勢力の呼びかけ人会議の結成総会が開かれた。会合には、社会党議員、労働組合幹部、生協や障がい者団体などを含む市民団体の活動家、それに学者などが参加し、それ以前に予備会議でまとめられていたアピールに54人が署名した。アピールは、新しい党の組織のあり方を、それまでの政党のようにイデオロギーで結集するというのではなく、多様な価値観をもった市民がネットワーク的に結びつくものと想定していた。この呼びかけ人会議の座長には、宗教評論家の丸山照雄と社会党所属の千葉景子参議院議員が選出された。11月にはいると、呼びかけ人会議は新党結成準備会を発足させることを決めた。社会党もまた11月下旬の三役懇談会で、1996年1月に予定されている定期大会を解党大会にすることを決めた。この間、かならずしも積極的な反応を得たわけではなかったが、さきがけなど、新党を構成する政党の政治家とも接触が続けられた。社会党の新党への動きの中

心は久保亘書記長で、五島正規副書記長らが補佐していた。

　だが、リベラル新党への動きはここまでだった。12月にはいると、新党への社会党の動きは急速に冷え込んだ。原因は、首相でもある村山委員長の動きであった。12月に入り、さきがけの田中秀征代表代行と会見した村山委員長は、定期大会は、解党大会ではなく社会党改革を重視するものとしたい、と述べた。その後、社会党には、予定されている大会を解党大会と呼ばないよう指示した。12日開かれた社会党の都道府県代表者会合の席上、久保書記長はなお、党の財産の処理など、解党・新党結成の手順などを説明したが、村山委員長は、定期大会を改革大会にすると述べ、内容の判断は中央執行委員会にまかせることとなった。中央執行委員会では、村山委員長の判断で、新党を結成するという方針をあらため、党名変更などを行うことだけを決めた。12月18日、新党結成のプレ集会が開かれたが、席上、呼びかけ人会議の丸山代表は、村山委員長の意向で、新党が先送りされたことを批判し、呼びかけ人会議は流れ解散の状態となった。

　1996年1月19日、後述のようにこの段階ではすでに村山委員長は首相を辞任していたが、社会党は大会を開き、党名を社会民主党に変えた。戦後50年にわたって日本の政治史に大きな名を残し、労働運動にとっても大きな存在であった社会党だったが、リベラル新党というかたちでの新しい道を選ばなかったことにより、社民党となって以降、さらに衰退の一途をたどり、孤党となって労働運動とのかかわりでも事実上、消滅していくことになる。

◇村山政権の後半

　1995年の参議院選挙の結果は、連立政権を構成する自、社、さきがけの3党、なかでも社民党に有権者の目が厳しく注がれたことを示していた。自民党の方は、ちょうど、河野総裁の任期がきれることもあって、総裁選挙が予定されていたが、8月末、河野総裁は、

総裁選挙への立候補を断念するというかたちで、自民党敗北の責任をとった。自民党新総裁には橋本龍太郎が、党員投票で小泉純一郎を破って就任した。社民党の方は、惨敗にもかかわらず、村山委員長の責任を問う大きな声はなく、首相と党委員長の座を続投することとなった。8月4日に参議院選挙後の臨時国会が召集されたのち、村山首相は、8月4日はじめに内閣改造を行った。河野副総理兼外務（後、橋本龍太郎）、武村大蔵、橋本通産の主要閣僚には変更はなかったが、官房長官には全日通出身の野坂浩賢衆議院議員がつき、労働大臣には国労出身の青木薪次衆議院議員が就任した。

　日本の敗戦からちょうど50年目にあたる1995年8月15日、閣議決定をへて、いわゆる村山談話（正式名称は、「戦後50周年の終戦記念日にあたって」）が発表された。この談話のポイントは、「わが国は、遠くない過去の一時期、国策を誤り、戦争への道を歩んで国民を存亡の危機に陥れ、植民地支配と侵略によって、多くの国々、とりわけアジア諸国の人々に対して多大の損害と苦痛を与えました。私は、未来に誤ち無からしめんとするが故に、疑うべくもないこの歴史の事実を謙虚に受け止め、ここにあらためて痛切な反省の意を表し、心からのお詫びの気持ちを表明いたします。また、この歴史がもたらした内外すべての犠牲者に深い哀悼の念を捧げます」とする部分だった。

　連合は、戦後50年を期して、国会と政府が平和宣言を決議して、世界に決意を表明することを、主要な政策・制度要求の1つとして求めていた。「戦後50年」を銘記して行動することが不可欠である、との考えにもとづくものだった。

　このうち国会決議については、「アジア諸国民に与えた苦痛」への言及をいれるかどうかをめぐって、これに反対する自民党と、賛成する社民党、さきがけのあいだに激しいやりとりが2月から3カ月以上つづいた。その間、社民党側の久保書記長は、自民党がこれをうけいれなければ、連立の崩壊もありうると牽制するほどだった。

6月に入ってようやくまとまった与党案では植民地支配や侵略行為については「世界の近代史上」おきたこととして一般化されていたし、「過去の戦争についての歴史観の相違を超え」といった文章で、意見の違いがあることを表現したが、とにかく「他国民、とくにアジアの諸国民に与えた苦痛を認識し、深い反省の念を表明する」という文章はいれられた。「歴史を教訓に平和への決意を新たにする決議」と名付けられたこの決議は、新進党が欠席のまま、衆議院では可決されたが、参議院では自民党が反対したため採決が行われなかった。村山談話は、この決議をいっそう深めたものだった。

　この談話は、世界各国、とくに韓国や中国で、またアメリカでも長きにわたって、日本の公式の歴史認識を示すものとして高い評価をうけ、日本でも安倍政権より前の歴代内閣はこの談話を引き継いできた。約1年半にわたる村山連立政権の外交・内政上の積極的な唯一のポイントとして評価する見解もある。

　しかしこのあと、村山連立内閣は死に体となっていく。経済面では、バブルの後遺症を原因として、1994年末にはじまった金融不安が表面化した。1994年末の2つの信用組合の清算にはじまり、1995年のコスモ信用組合での大量預金流出、木津信用組合の経営破綻があり、また第二地銀最大手の兵庫銀行の自主再建の断念、大和銀行の米国債投資での1100億円の損失による業務停止、などがあいついでいた。

　この段階で、最大となったのは、住専問題だった。住専は、バブル期に、大手都市銀行の意を受けて、大手銀行自身では扱えないような不動産への貸し付けを行っていた。そのなかには、暴力団関係のものまで含まれていた。住専には多数の大蔵官僚も天下っていた。バブルの崩壊とともに、その回収が困難または不可能となった。この住専を救済するために、政府は、1996年度予算案のなかで、6850億円の公金を支出することをもりこんだ。村山政権が、定見なく、大蔵官僚のいい分にしたがっていることは明らかだっ

た。一般の国民の怒りが大きくもりあがった。

　年が明けて、1月9日、村山首相は、予算編成や戦後50年問題など、懸案処理がおわったことを理由にあげて辞意を表明した。村山政権の時代はこのとき終わった。

コラム　住専問題

　住専とは住宅専門貸付会社の略称。1970年代、大蔵省が主導し銀行等の金融機関が共同出資して、住宅金融を専門に取り扱う会社として7社が設立された。大蔵省が主導したのは、天下り先の確保に都合がよかったためともいわれる。住専は、母体銀行等から資金調達し、当初は母体行等から紹介された個人・事業者を中心に住宅関連の融資を行っていた。1980年代以降、銀行が直接個人向け住宅ローン市場へ本格参入したほか、財政投融資資金で長期・固定で低金利の融資を行っている住宅金融公庫の活動で、住専の個人向け市場が圧迫されたため、住専は新たな融資先としてバブルにおどる事業所向けの不動産事業へのめりこんでいった。このような融資先には暴力団関係も含まれていたといわれる。住専への資金は、もともとの母体行からは減少し、そのかわりに農協からの資金が過半を占めるようにもなっていた。

　バブル崩壊後、地価が下落し、回収が困難となり、融資は不良債権化し、その額は約8兆円にのぼった。これが「住専問題」だった。橋本内閣は、経営破綻した住専の不良債権処理に6850億円の税金を投入し解決を図る「特定住宅金融専門会社の債権債務の処理の促進等に関する特別措置法（住専法）」を提出した。

　国会では大紛糾したが、結局は成立し、住宅金融債権管理機構が設立された。管理機構は、住専から移管した債権の回収につとめたが、法律の期限となる2011年までに、最終的には1兆40000億円余りの二次損失が発生し、その半額は国費で処理された。

第3章 | ネオ・リベラルへの道

国際女性デー

【概要】

　1995 年 10 月に行われた連合第 4 回大会では運動方針のなかで「成熟化社会への挑戦」がうたわれた。これはもはや高度成長が期待できない段階では付加価値の配分の変更を中心に活動を組立てなければならない、という方向性を示したものであった。また方針は、規制緩和計画を着実に推進していかなければならないとしていた。1996 年の春闘は、6 年ぶりに前年水準を上回った。1997 年の春闘では、経済情勢がやや改善したこともあって、やはり前年プラスとなった。しかし、産別間の格差は開き、しだいに悪化する労働市場条件も作用して、失業の増加と、不安定労働者の貧困化はさらに進展した。

　村山辞任のあとを受けて成立した自社さ 3 党連立の橋本政権は、橋本首相本人の意向はともかく、財政構造改革と規制緩和を推進した。タクシー分野での事業者設立規制の大幅緩和にはじまり、大店法の改正や純粋持株会社の解禁などもすすめられた。当初、規制緩和推進の立場にた

っていた連合は、ややのちには市場原理にすべてを委ねることには危惧
を表明した。橋本内閣のもとでは消費税の3%から5%への引き上げも
決定された。

　労働分野で大きな問題となったのは、労働基準法上の女子保護規定の
撤廃であった。保護か平等かの論議をへて、政府は、週40時間労働の完
全実施に際して、女性の深夜労働を解禁する改正案をまとめた。これに
はげしく反対したのはゼンセン同盟で、連合への意見書、政府への建議
などを提出した。連合内には女性の深夜労働解禁を推進する自動車総連
などもあり、意見が対立したが、最終的には連合として、労働時間につ
いての男女平等の規制を行うことをめざす、とした。実際の労働基準法
改正では、労働時間の上限などについて強い規制はもりこまれなかった。

　この時期、政治面でも大きな変化があった。1996年10月に実施され
た総選挙の結果、自民党が過半数を獲得して、橋本改造内閣では、社民、
さきがけは閣外に去り、実質的に自民党は復権をはたした。一方、混乱
状態にあった野党の側では、統一党の機運が高まり、総選挙の直前には
民主党が結党されていた。連合は、協力・協調関係をもつ政党に民主党
を加えた。

1. 連合第4回大会と1996年春闘

◇連合第4回大会

　まだ村山首相が在任中の1995年10月5、6日の両日、連合は第
4回の定期大会を開いていた。会場には、「変革に挑むたしかな一
歩」とするスローガンがかかげられていた。来賓として出席した村
山首相は、被爆者援護法、従軍慰安婦問題、水俣病問題などの解
決、8.15談話による歴史認識などに大きな成果をあげたとしつつ、
参議院選挙に示された国民の政治不信に厳しく対処する必要がある
との認識を示し、さらに今後は、国際経済と調和した経済社会をつ
くりだすために、規制緩和推進計画を着実に推進していかなければ

ならない、と述べた。海部・新進党、武村・さきがけの各党首もそ
れぞれあいさつを行った。民改連は、ただ 1 人の所属議員となった
が、笹野貞子代表代理が来賓あいさつを行った。

　この大会の主要議題は 1996 〜 97 年度運動方針であった。大会に
提出された運動方針の原案は、基本的には鷲尾事務局長を中心とし
て起草され、大会での質疑への対応のほとんどすべては鷲尾事務局
長が行った。

　この運動方針原案のなかには、連合としての新しい考え方が示さ
れていた。その中心となったのは、「成熟化社会への挑戦」とされ
ている部分だった。その内容は、「日本経済は今日、成熟化社会の
到来によって高度成長は望めない」とする展望にたち、そうであれ
ば、成長による付加価値の増大で勤労者生活の改善をはかることは
困難になるので、「付加価値の配分の変更によって、豊かさを実現
していかなければならない」とするものであった。この場合、配分
の変更は、企業内だけでなく、「社会全体での公正・公平な配分実
現があわせて必要である」、ともしていた。運動方針原案では、こ
のような配分の変更のための手段として、当事者の参加による合意
形成が絶対的条件で、「政府や市場のメカニズムにゆだねるのでは
なく、共同決定の仕組みの確立が必要であり、そのためには緊張感
のある労使関係をつくりあげていかなければならない」としていた。

　これまでの連合の方針のなかでは、賃金の引き上げや労働時間の
短縮は生産性あるいは成長の公正な配分、あるいは逆に、賃上げや
労働時間の短縮は経済成長に貢献する、との考え方で、中程度の成
長の可能性をもとに生活の向上が構想されてきたが、この年の方針
原案は、低成長あるいは成長なき時代に対応する労働者生活の改善
の論理にふみこもうとしていた。

　股ざき状態にある政治・政党関係については、「自民党に代わり
うる政権を担いうる新しい政治勢力の結集」という基本方向につい
ては、これまでの方針を踏襲し、当面は生活者重視の政策合意を基

本として、社民党、新進党、さきがけとの協力・協調関係をもつ、とされていた。

大会代議員の側からは活発な質問・意見がだされた。ゼンセン同盟の池田晴夫代議員からは、これまでは 3% 成長がなければだめだということで運動を組み立ててきたが、この考え方をやめるということか、と質問した。また池田代議員は、「共同決定」などの用語が運動方針原案に使用されているが、具体論がかけているとして、内容を質問した。金属機械の大山勝也代議員は、連合加盟の企業別組合と、連合に加盟していない企業別組合のあいだで、賃上げ率などについて連合加盟組合の側に優位性がなくなっている傾向がみられ、連合の存在感がなくなっている、とし、春闘を、連合、産別、地方連合会の 3 者が一体となって取り組むようにすべきだ、として春闘の改革を求めた。

これらの質問や意見に対して、鷲尾事務局長は、「私がいいたいことは物財中心の高度成長社会が終ったということだ」とし、「これまでと違った配分の仕組みを構想しなければならない」と述べたが、具体的な仕組みについてはふれなかった。

この大会では、芦田会長とともに続投が内定していた鷲尾事務局長に対して、対立候補として、JR 総連の福原福太郎委員長が立候補したため、選挙が行われた。直接無記名投票での役員選挙は連合史上はじめてのことだった。両者は決意表明を行ったが、福原委員長は組合員の連合に対する求心力と、社会的影響力が低下していることを指摘し、「ビッグビジネスのためでなく、職場で苦労する組合員の立場にたって闘いぬくべきだ」と主張した。また、政治活動の面で、政党にはかかわるべきでない、と主張した。投票の結果は、鷲尾が 485 票、福原 49 票で、鷲尾事務局長が再選された。

なお、連合大会のあとの 11 月 15 日には、教育文化協会の設立総会が開かれ、11 月 23 日には、設立記念の連合コンサートも開催された。

公益社団法人教育文化協会（通称 ILEC）は、1995 年 11 月に連合とその構成組織などにより設立（労働省の設立認可 12 月 14 日）。労働教育および労働文化の振興を図るための事業を展開している。

2013 年 7 月 1 日から公益社団法人に移行し、公益事業としての色彩をより強めている。調査研究を行う連合総研、労働面での国際協力を行う国際労働財団とともに連合の主要な外郭団体となっている。

活動の中心となっている教育事業では、次代の組合リーダーの育成を目的として、2001 年より「Rengo アカデミー・マスターコース」を開講している。これまでの受講生は 400 名を超え、それぞれの立場から労働運動・社会運動の一翼を担い活躍している。

また、これから社会に出ていく大学生、大学院生を対象に、現役の労働組合役員などが講師を務め、様々な労働現場の実態と課題について講義する「連合寄付講座」を現在、ILEC 直轄で 6 大学の正規授業として開講している。さらに、地方連合会が地方大学で行う「連合寄付講座」の開設促進、開設準備・運営支援も行っており、その開講数は 2020 年 4 月現在で 21 大学となっている。

一方で、勤労者やその家族の生涯にわたる文化活動への支援については、絵画・書道・写真・俳句・川柳の 5 部門を公募して隔年実施する「連合・ILEC 幸せさがし文化展」があり、1999 年に美術展としてスタートして以来、幅広い層から作品が数多く寄せられている。

連合と共催している「私の提言」募集事業では、組合関係者、一般を問わず、これからの労働運動に向けた提言が寄せられている。

出版・広報事業では、労働運動の基礎を学ぶテキスト、これまでに開催した講座・研修の講義録、さらには労働組合への提言など、多岐にわたる書籍や冊子を発行している。

全労連は、これよりまえの 1995 年 7 月 26 ～ 28 日に定期大会を

開いて、リストラ「合理化」・規制緩和反対などを内容とする闘争方針を決めていたが、大会冒頭のあいさつのなかで三上満議長は、参議院選挙における与党3党の敗北、とくに社会党の大敗は国民の悪政への厳しい目が注がれた結果であると述べるとともに、有権者からは悪政推進に加担してきたとして、連合への厳しい批判も示された、と述べた。

◇ 1996年春闘の準備段階

　村山内閣の退陣のあとでは、与党3党が党首会談を開き、3党連立を継続することを決めていた。ここでは新しい政策協定が結ばれたが、基本的には従来のものを継続するとしていた。ただ後継首相には、村山社会党委員長から第1党からだすべきだという意向が示され、1996年1月16日に、衆参両院で、橋本龍太郎・自民党総裁が首相に指名された。組閣の段階では、住専問題を担当する大蔵大臣で難航したが、社会党書記長の久保亘が副総理兼任で就任した。労働大臣には国労出身の永井孝信が就いた。

　この間、日本の経済情勢は微妙な動向を示していた。1995年後半には円高もあって、景気の回復に水がさされたが、後半以降は1ドル=100円前後におちつき、景気はゆるやかに回復しているとみなされた。実際にこの年の実質成長率は1.9%となり、低いながらも1993年の0.2、1994年の0.9%を上回っていた。産業ごとには、濃淡があり、金融業では中小金融機関の破綻があいついだが、製造業では利益水準は大幅に伸びた。バブルの後遺症という大きな問題をかかえる金融業でさえも、単年度だけでみれば、大手銀行を中心に大幅な増益を示していた。全産業の企業収益は1995年年末には対前年比で20%以上、1996年1～3月期では25%の増益となっていた。1995年の消費者物価は対前年比0%だった。

　ところが一方で、雇用情勢はいちじるしく悪い状態がつづいていた。1995年の完全失業率は3.2%と、2年連続で比較可能な1953年

以来の最高水準を2年連続で更新した。1996年の失業率はさらに3.4%と上昇した。各企業では、新規採用の抑制が行われたために、雇用者数の伸びはごくわずかにとどまった。とくに、製造業でこの傾向が強く、雇用者数は減少し、この年はじめて、サービス業の雇用者が製造業の雇用者を上回った。

新規学卒者の就職決定率も低下した。とくに女性にその傾向が強く、女性の短大卒業生では1996年10月段階の就職内定者は50%にとどかなかった。大学生全体でも約70%にとどかなかった。1996年4月の段階では男女合わせて15万人の学卒未就職者が発生した。就職氷河時代が到来しつつあった。高い利益と、悪い労働市場の状況は、企業利益の増加が主としてリストラによって生みだされたものであることが示された。

1996年の春闘はこのような状況のもとで展開された。連合は、例年通り、1995年10月から、春季生活闘争の準備をすすめ、これも前年通り、賃上げ、時短、政策・制度改善を3本柱とする総合生活改善闘争を進めるとしていた。ただこの年は、雇用対策を総合生活改善闘争と並ぶ最重要課題と位置づけていたことに特徴があった。このうち、賃上げについては昨年同様、格差の縮小を重視し、額要求と個別賃金で対応すべきであるとし、平均賃上げ要求額を1万3000円を中心とする、としていた。この額は、前年より1000円低かったが、要求額を決定する方程式（定期昇給分＋消費者物価上昇分＋生活改善分）のうち、消費者物価上昇分がゼロになったためと説明された。また最大のヤマ場は3月18日の週とした。

格差縮小については、これも例年通り、大企業と中小企業のあいだの格差が焦点で、中小共闘センターが設置された。同時に、男女格差の取り組みを強化することがもう1つの焦点とされ、3.8国際女性デーに大規模に取り組むことなどが方針上で示された。中小共闘センターの賃金闘争については、企業内最低賃金制度の確立や地域での一定額以下の賃金をなくす運動が強調された。

1904年3月8日に、ニューヨークで、女性労働者が大規模なデモを組織した。シンボルとしてかかげられたのは「パンとバラ」だった。パンは正当な賃金、バラは女性参政権の要求を表していた。アメリカでは、1857年、ニューヨークで起きた工場火災で多くの女性労働者が命を落としたことをきっかけとして低賃金、長時間労働に抗議する集会とデモが行われ、1860年にはこの女性たちにより労働組合が結成された。「パンとバラ」はそれ以来、女性労働者の要求のシンボルとなっていた。

1910年の第二インターナショナル第8回大会では、クララ・ツェトキンの提唱で3月8日を「女性の政治的自由と平等のためにたたかう」記念の日とすることが決められ、その後、この日は、「女性の団結・共同行動・献身により女性たちが平等と尊厳を得られることを自覚する日」として世界に広まった。

国連は1975年（国際婦人年）の3月8日以来この日を「国際婦人デー」と定めた。現在は国際連合事務総長が女性の十全かつ平等な社会参加の環境を整備するよう、加盟国に対し呼びかける日となっている。

連合は、1996年から春季生活闘争の中に国際女性デーの行動を位置づけ、全国で統一行動を実施している。また、ITUC（国際労働組合総連合）と連携し、男女別の賃金実態の把握と男女間賃金格差の是正、ドメスティック・バイオレンスを含むあらゆるハラスメント・暴力の根絶と差別禁止に取り組んでいる。

全労連も例年どおり、国民春闘共闘委員会を設置して準備を進めたが、賃上げ要求額は3万5000円以上とした。

連合傘下の各産別は、ほぼ連合の方針に沿って、要求などを決定した。たとえば、金属労協は1995年年末までに機関会議を開き、個別賃金引き上げ要求と平均賃金引き上げ要求の2本建てとするとし、平均賃上げ要求については、連合の要求額よりは低い1万2000

円とした。連合の要求中心額より低く設定した理由としては、金属労協内の関連産業に業績のバラツキがあることがあげられた。私鉄総連は大手14組合が、額を統一し、2万円の賃上げを要求した。

　この間、これも例年通り、日経連は1996年1月12日に、労働問題研究委員会報告を発表し、賃金については、日本の賃金が世界のトップレベルにあり、これ以上の賃上げは産業の空洞化を招くとして、「賃金引き上げは困難である」とする見解を示した。労働者生活の改善については、賃上げよりも内外価格差の解消による物価水準の是正によるべきだ、とした。同時に、春闘による横並び方式の賃金決定を批判し、「新たな道筋の再検討」をうちだした。

　1996年2月6日に行われた連合と日経連の定期懇談会の席上でも、根本二郎日経連会長は、同趣旨の発言を行い、企業ごとの生産性基準原理をあらためて強調したが、その生産性上昇の成果も、ベースアップではなく、雇用確保や企業の構造改革にまわすべきだ、と主張した。

◇1996年春闘の結果とその後

　例年のように、中央や地方でいくつかの集会や行動が実施され、金属機械、食品連合の一部組合でストライキも実施されたあと、春闘の本番を迎えた。この時点で、例年とは異なる姿が産別レベルで現れた。従来、会社側の回答が不満であった場合には、ストライキに突入するという意味での、事前のスト権確立を行ってきた全電通と私鉄総連が事前のスト権投票を行わず、いわゆる事後対処方式に転ずることとなった。全電通の場合、前年もおなじように事前のスト設定を行わなかった。その理由は阪神・淡路大震災に対処するためとされたが、この年についての説明は行われなかった。

　私鉄総連では、関西大手3社の労働組合（阪神、阪急、京阪）が、集団交渉からはずれる意向を示した。やはり前年も3社が抜けて集団交渉そのものが成立しなかったが、この年には、残りの大手5社

で集団交渉が組織され、かろうじて、産別としての集団交渉が維持された。しかし、やはり経営側に圧力をかける意味での事前のスト権設定は行われなかった。

金属労協の集中回答日に指定されていた3月21日と翌日の22日に、主要な産別の主要組合に経営側の回答がだされ、関係するすべての産別で妥結した。3月21日夜の連合の集計では、加重平均でみた平均賃上げ額は8611円で、昨年実績8267円より300〜400円程度上回った。額にこだわるという観点からこの時点では、連合は率については発表しなかったが、ほぼ昨年と同率とみなされた。

この結果について、発表にあたって行われた記者会見で、芦田連合会長は、経営側がベアゼロという厳しい賃金抑制の姿勢をとるなか、これまでの賃上げの長期低落傾向に歯止めをかけたもの、と評価した。一方、日経連・根本会長は、「労使関係等を総合勘案し、（各企業の経営者が）ギリギリの苦しい選択をされたもの」とするコメントをだした。

芦田会長の評価発言にもかかわらず、1996年春闘はいくつかの問題点も残していた。労働省の調べでも、この年の主要企業の春季賃上げ額・率（定期昇給を含む）は、8712円・2.86%で、1995年の8376円・2.83%を額・率ともに上回っていた。妥結額・率が前年を上回ったのは6年ぶりのことで、この年は「たし算春闘」とも呼ばれた。しかし、3月一杯の短期決戦でほぼ終った全体の状況では、産業によっては、こうした評価にはなじまない結果となった部分もあった。

連合の産業別集計のなかで、もっとも低かったのは鉄鋼で、大手5社が4500円だった。それでも、前年はベースアップはゼロで、この年は1000円だったから、その分だけ前年より増加した。交渉の過程では、経営側はベアゼロに固執したが、最終的にはベアを獲得した。この点では、実質的に従前からのいわゆる一発回答に穴をあけたともいえるが、各産業のなかで最低水準であることには変わり

はなく、のちの鉄鋼労連の春闘方式の転換の1つの要素となった。

　前年に比較して落ち込みがもっとも大きかったのは、レジャー・サービス労連だった。前年と比較すると3000円近く低下して、6500円程度の妥結となった。阪神・淡路大震災の影響もあって、この時期には、観光産業がきびしい状況においこまれていたことの反映だった。逆に、相対的に高かったのは連合加盟では私鉄、石油、情報、化学、ガスで、これらの産別は9000円以上を確保した。

　労働界全体をみて、これより高い妥結を示したのは、全労連加盟組合を中心とする国民春闘委員会の構成組織で、出版、民放、新聞の各産別が1万5000円前後を確保した。これは、ソーシャル・ネットワークなどがまだ大きくは発達していない段階で、グローバリゼーションの影響が相対的に小さい産業の方に賃上げが傾斜したことを示していた。製造業の内部でも同様の傾向が示された。

　毎月勤労統計調査によって、産業別の現金給与総額の1996年の対前年比をみると、製造業は平均より伸びが大きく、サービス業は平均より低かった。卸売・小売業・飲食店は季節による変動が激しかったが、全体としては平均並みの伸びであった。

　連合がもっとも大きな課題とした格差の解消については、連合調査で1000人以上の大企業で8509円、229人以下の中小企業は7435円で、その差は1074円であった。差額は1993年900円、1994年902円、1995年1108円であったから、実額での格差は年々拡大していた。

　平均でみるかぎり、地域格差には、大きな変化はなかったが、たとえば山形県の場合、1996年の前年比は全国とおなじであったが、東京の平均賃金の伸びが低下したため、東京との格差は縮小した。東京の賃金の伸びが低下したことには、常用労働者のなかのパート労働者など非正規労働者の増加が影響していた。

　この時期、賃金の全体を示す現金給与総額の内容に、かなりの変化が示されるようになっていた。毎月勤労統計調査が示したとこ

ろでは、1996年の常用労働者全体の現金給与総額の伸びは1.1%で前年と同率だった。労働省調査の民間企業の賃上げ率は2.86%で、前年より0.03%高かったから、伸び率だけからみると毎勤の方が高く示された。しかし、毎勤でみると、1996年年末段階で、現金給与総額の伸びのうち所定内給与の伸びは前年より明らかに低く、賃金の維持は残業代の伸びに依存していた。特別に支払われた給与、すなわち一時金は、前年の低下から反転してのわずかながら伸びをみせていた。こうした数値は、連合加盟の労働組合の賃上げ結果が、未組織労働者などにトリクルダウン型で波及する力が弱くなっていること、一時金のような業績反映型の賃金部分が、企業ごとの実情を反映しつつ、増大しつつあることを示していた。このような賃金動向には、失業者の増大、パートタイム労働者を中心にした非正規労働者の増大など労働市場の動向が反映しているという見方も示された。

　賃金と並ぶ春闘の大きな柱である労働時間短縮については、一部を除いては大きな成果はなかった。自動車総連の1日20分の短縮要求は労働界全体から注目を集めたが、ゼロ回答に終わった。鉄鋼労連でも、いわばベースアップと引き換えに要求した時短には回答はなかった。この点は、賃金と労働時間の双方を含めた生産性基準原理による、という日経連の指針と合致していた。電機連合はすでに1994年に1800時間台をクリアし、金属機械加盟の不二越、光洋精工、島津製作所、食品連合加盟の森永製菓などで、注目される前進はあったものの、連合がかかげた1990年代なかばに総労働時間1800時間を達成する、という目標には遠かった。

　企業ごとにみると、この年の春闘では、一部の企業が新しい賃金制度への移行を行っていた。具体的には、武田薬品（全化連合加盟）とコマツ（ゼンキン連合加盟）の実質的な成果給への移行がその例だった。武田薬品は、賃金にすべて成果を反映させるということで、ベースアップという考え方をとらないこととしていた。日産もスペ

シャリスト・コンタクトというかたちで、一部の社員について、組合側との賃金協定によらない、個別の契約による給与を導入した。

1996年春闘後には、鉄鋼労連が隔年春闘にふみきる方向を示したが、これはまたあとのものがたりである。

全体としていえば、この年には、日経連が主張したような「横並び春闘からの脱却」、いいかえれば賃金決定の企業内化、インサイダー化が、さまざまな側面で浸透していることが示された。

2. 自民党の復権のなかでの労働政策

◇規制緩和の影響

1996年の春闘が一応の区切りがついた時期から、例年のように、連合は、4月の橋本首相との政労会談を手はじめとして、政策・制度闘争への取り組みを強めた。このあと6月には橋本内閣は消費税の5%への引き上げを閣議決定した。しかし、消費税の引き上げ問題は連合の重点政策に折りこまれていなかった。この時期からかなり長い期間にわたる大きな政策上のテーマは、規制緩和あるいは規制改革だった。

規制緩和の直接のきっかけは日米構造協議にあった。日米協議は、ジョージ・ブッシュ大統領の提案で1990年2月にはじまった。その後、1993年に名称を日米包括経済協議と変えて継続された。アメリカ側は、プラザ合意以降、円高が進行したにもかかわらず、貿易収支の対日赤字が減少しない原因は、日本の市場が、対外的に閉鎖的な影響をもっている政策・制度、いわゆる非関税障壁にあると考え、その是正を日本の内需拡大策の強化とともに強く迫った。

アメリカ側のこのような要求は、日本政府の政策に強く影響を与えた。たとえば、海部内閣は1991年度にはじまる10年間を対象として総額430兆円にのぼる公共投資基本計画を決定したが、これは、GDPの10%を公共投資にあて、かつその実施をアメリカ企業

などにも開放せよ、というアメリカ側の要求にもとづくものだった。この計画は、その後、村山内閣のもとで、期間は13年に延長され、総額は200兆円増額された。これもまたアメリカ側が、対日赤字が減少しないことを理由として、要求した結果であった。アメリカの要求にもとづく公共投資の拡大については自民党海部政権も、自社さきがけ連立の村山政権も変わりがなかった。連合は内需拡大論の考え方から公共投資の拡大には好意的に対応した。結果的には、このような公共投資の拡大は財政赤字を拡大していく要因の1つとなった。

　政策・制度面では、地場の中小商店の保護を目的として出店規制を行っていた大店法の改廃や、敗戦後の経済民主化の過程で禁止された持株会社の復活、土地税制の改革など、市場開放の要求は多岐にわたり、アメリカ側が提起した項目は200を超えたとされる。このうち大店法の改革は1994年にはじまり、同年には、1000㎡未満の出店は原則自由とされた。ネオ・リベラル市場万能主義のイデオロギーにもとづく規制緩和は、海部内閣期にはじまり、村山・橋本の連立内閣期で本格化しつつあった。それへの対応は、労働界にとっても大きな課題となりつつあった。

　連合は、1995〜96年度の「政策・制度　要求と提言」で、「'規制緩和'と'地方分権'は行政改革の車の両輪」としていた。さらに、この提言は、「連合は、各産業界における参入規制や設備規制および価格規制など、自由競争を阻害している公的規制は原則廃止に向けて見直しを進めていく」と、市場万能主義ともとれる積極的な推進論をうちだしたうえ、「雇用・労働条件への影響を招く」場合でも「避けて通れない道」であるとした。そうしたケースでも受けて立って、公的規制の「原則廃止」を推進する決意を表明していた。

　ただ、一方で、この提言は、副次的に、「消費者や労働者の安全確保、環境保護、公正競争の維持等社会的規制については強化すべ

き面が多々ある」とし、「公正を維持するためのコスト負担」は受け入れなければならない、ともしていた。一般に、連合のこの方針は、規制緩和については、経済的規制と社会的規制を区分し、前者は緩和を推進、後者は強化、という立場を示すものと受けとめられた。ただ、区分が具体的にどのようなものであるか、またその2つの区分がどのようにかかわりあうのかについての説明は、提言では行われていなかった。

　実際に、規制緩和がもっとも早く進行し、それによって大きな影響をうけたのはタクシーの分野であった。1992年6月、日米構造協議を受けて、第3次臨時行政改革推進審議会が、国民生活に関連の深い分野での経済的規制の緩和を求めた。これに対応して、運輸政策審議会は、1993年5月に「今後のタクシー事業のあり方について」とする答申を行った。これがタクシーの規制緩和の出発点だった。この答申を受けて、運輸省は1993年以降、東京地区と大阪地区で、営業用タクシーの台数の増減車の弾力化、運賃改正での割引運賃制度などの運賃制度の弾力化、それまで細かく設定されていたタクシー事業区域の統合拡大などを開始した。事業区域は1996年からの3年間で1911区域から半減した。またそれまで、会社設立のタクシーの最低保有台数が60台だったのを10台まで引き下げた。運賃・料金は一定の弾力化にとどまっていたが、参入規制は大幅に緩和されることとなった。

　タクシー業界の分野では、連合加盟の全自交（全国自動車交通労働組合連合会）が東京のタクシー大手企業などを組織化して主力組合となっていたが、ほかにも連合傘下では私鉄総連、交通労連などに加盟している組合があるほか、全労連傘下の有力組合として自交総連（全国自動車交通労働組合総連合会）がある。これらの組合は、タクシー分野の規制緩和に反対する活動を展開したが、効果はなく、逆に、小泉政権下の2002年、タクシーの規制緩和がいっきょに進んだ。2002年2月、道路運送法とタクシー業務適正化臨時措置法

の改正が行われ、事業者の届け出のみで事業の設立・廃業や保有車両の増減が可能となった。厳密な意味でのタクシーの規制緩和と呼ばれるのは、この法改正を指している。

　1990年代はじめから2000年代にかけてのタクシーをめぐる規制緩和でもっとも大きな影響をうけたのはタクシー労働者だった。タクシー利用が最盛期だったのはバブル期で、この時期には、タクシーをよびだしても来てくれないという需要超過の傾向さえあらわれていた。その後、バブル後の需要減退やマイカーの普及などによりタクシー利用は減退した。その反面、参入規制の大幅緩和によって、タクシーの台数は増加した。1989年に法人、個人合わせて約25万台だったタクシー数は、2007年には、2003年に解禁された福祉限定タクシーをふくめると、約27万5000台と10%程度の増車となった。バブル時代とは一転して供給過剰の状態となった。結果として1台当たりの売上額は大幅に減少した。

　タクシー労働者の賃金は、固定給を意味するA型、出来高給を意味するB型、その混合であるAB型の3つがある。1990年代以降、組合のある大手企業を含めて、B型賃金、ないしは出来高給を基本として一部固定給のAB型へ移行していたため、売上高の減少は賃金の減少に直結した。賃金構造基本調査によると、男性タクシー労働者の平均年収は1991年に約430万円だったが、2003年には約298万円に約30%も減少した。2008年には全自交などの運動の成果もあり、かつての規制がある程度復活し、供給過剰の地域では台数制限を行うことが可能となった。東京や仙台では実際に台数の調整が行われ、この時期から、1台あたりの売り上げがようやく回復し、年収も2014年に300万円を超える水準となった。この間、乗客数の停滞と規制緩和の影響を受けて、タクシー労働者の賃上げ闘争は厳しい戦いを強いられた。全自交労連傘下では、1995年に27組合、1996年には32組合がストを行った。

　なかでも秋田タクシーは無期限ストに突入し、8日目にようやく

解決した。ストの多くはA型からAB型への賃金体系の変更に関わっていた。

　規制緩和の労働者への影響はタクシー分野に限らなかった。持株会社の解禁、労働基準法における女性労働者の保護規定の撤廃、労働者派遣事業法におけるネガティブリスト化など、労働者に直接かかわる規制緩和策がつぎつぎと提起されることとなる。既述の連合の提言のように、市場万能型の規制緩和への信頼では対処しえなくなる事態も現れてくる。のちのことであるが、1997年10月に、労働法学者、弁護士らによって結成された「連合要求実現を応援する会」に出席した、鷲尾連合新会長は、「市場原理にすべてを委ねるという流れに強い危機感をもっている」とあいさつした。ただ1995年の「提言」にかわる規制緩和に対して修正を明確に示す方針が示されたわけではなかった。

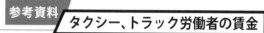

参考資料 **タクシー、トラック労働者の賃金**

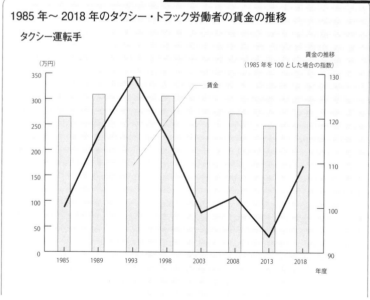

1985年〜2018年のタクシー・トラック労働者の賃金の推移

タクシー運転手

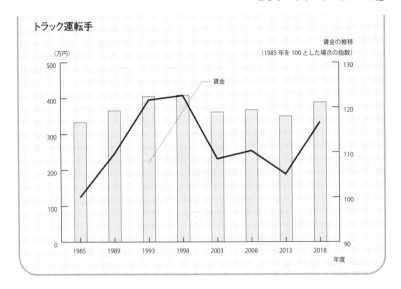

トラック運転手

（万円）

賃金の推移
（1985年を100とした場合の指数）

賃金

◇民主党の結党と自民党単独政権へ

　1996年の春闘後には、日本の政治面でも新しい動きが現れていた。社会党を軸とするリベラル新党結成の動きは社民党への名称変更だけに終ったが、自民、新進という保守2党に対抗するリベラル新党を結成するという考え方は、さきがけの一部に引き継がれていた。ただ、さきがけも一枚岩ではなく、鳩山由紀夫衆議院議員らが積極的な立場をとったのにたいして、大きく結集するという考え方自体に武村代表は否定的だった。鳩山は、橋本内閣で厚生大臣をつとめていた菅直人衆議院議員と連携し、新党をつくる構想をすすめた。社民党のなかからも、横路孝弘前北海道知事が積極的な意向を示したのに続き、衆参の議員からもこれに呼応する動きが大きくなっていた。

　しかし、鳩山や菅は、社民党にしてもさきがけにしても、党をまるごと新党にいれることには否定的で、衆参の議員が個人として参加する方式を貫くという構想をもっていた。個人といっても、これまでの党を代表する村山と武村の両党首が新党に参加することは拒

否していた。鳩山は、新進党からも同調者を集めるために、古いしがらみから抜け出る必要があると考えていた。しかし、村山・武村を除外するのは選別行為だとして批判する声もあった。この新党をめぐる確執のために、武村はさきがけの代表を辞任した。村山も9月に社民党党首を辞任し、あとは土井たか子がついだ。

　この間、政界は総選挙へむかって動いていた。前回の総選挙以来、3年以上がたち、しかも、その間、細川、羽田、村山、橋本と首相がつぎつぎと交代し、政権政党の組み合わせも変わったのに、民意が一度も問われなかったことへの批判も大きくなっていた。こうした情勢を受けて、橋本首相は衆議院を解散して、小選挙区・比例代表制という従来とは異なる選挙制度のもとでの総選挙を実施することを決意した。1996年9月11日、橋本首相は村山社民党、武村と交代していた井出正一さきがけ両党首と会見し、9月中に臨時国会を召集し、その冒頭に解散、10月20日に投票、というスケジュールを確認した。実際には衆議院は9月27日に解散された。この会談ではまた、総選挙後も3党連立の枠組みを維持することも確認された。

　総選挙が近づき、選挙を新党でたたかうということもあって、リベラルグループの新党づくりは急がれた。1996年9月11日、さきがけの鳩山と菅、社民党の岡崎トミ子衆議院議員、それに新進党の鳩山邦夫の4人が、新党の結成準備委員として集まり、基本理念を含む「結成の呼びかけ文書」がつくられた。よびかけでは、党名が民主党とされ、政治理念としては「友愛の精神と市民リベラリズム」がうたわれた。政策内容についての具体化はなかったが、地方分権・地域主権国家の建設、自由で多様な個性を発揮させる教育、憲法の平和理念と事実に基づいた理念、歴史認識をもとにした対米、対アジア・太平洋の多国間外交、個の自立と共生、といったことが強調されていた。ここで使用されている「友愛」という用語は、日本の労働組合の中興の祖である友愛会の名称でもあったが、

直接には、鳩山由紀夫の祖父で日ソ国交を実現した鳩山一郎首相の用語法を引き継いでいた。

1996年9月22日、民主党は設立委員会結成記念大会を開き、事実上の新党が発足した。さらに国会が解散された直後の9月28日、民主党結党大会が開かれた。ここでは行政改革断行、市民中心型社会への転換、福祉社会の再創造など、重点政策を決定し、総選挙の第1次公認候補として79人の名簿を発表するとともに、鳩山、菅の2人が共同して代表となることを決めた。この段階で民主党に参加した国会議員は衆議院議員52人、参議院議員5人合わせて57人だった。そのなかでは、社民党に所属していた議員が35人ともっとも多かったが、一部の例外を除くと当選回数の少ない議員が多かった。社民党はこの時点で分裂し、社民党議員の多数派が新党に加わった。さきがけは15人で、武村・井出の前・現代表を除く大部分の議員が参加した。参加者のなかには、江田五月前衆議院議員も含まれていた。新進党からは鳩山邦夫衆議院議員がただ1人参加した。そのほかでは、社民党を離党した議員らが中心となってつくられていた市民リーグの海江田万里、山花貞夫ら、またこの時点では非議員だった横路孝弘前北海道知事などが参加した。代表については、予定通り、鳩山、菅の2人代表制とされた。政治姿勢としては、従来の社民党、さきがけとは距離をおき、連立政権に批判的な立場にたっているとみられた。

結成大会で採択された民主党の重点政策のなかでは、市民自治、市民の知る権利、情報公開の徹底、NPO法の早期制定、環境や人権、男女共同参画社会といった市民的民主主義の立場からの重要なキイワードが並んでいたが、労働・社会政策の分野では、「公的介護保険制度の早期導入と展開」以外では喫緊の課題ともなっていた雇用問題など新しいテーマは盛りこまれなかった。公的介護保険については菅代表が、厚生大臣として取り組み、自治労などの支援で活動していた介護の社会化を推進する一万人委員会などとも交流を

もっていたことが反映したものとみなされた。

　民主党の結成は、ただちに連合と連合の構成組織に大きな影響を与えた。連合は、総選挙をまえに10月3日に開いた中央委員会で、前年の大会で決めた運動方針中の「新進党、社民党、さきがけと協力・協調関係を維持する」としていた部分を修正し、民主党を追加した。実際、これまで、社民党を支持・支援してきた産別の多くは、実質的に民主党支持に移行した。リベラル新党推進会議（99ページ参照）も、民主党がリベラル新党としての性格をもっているとし、社民党支持から民主党支持へ重点を移した。ただ、情報労連のように、全面的に民主党支持に移行した産別もあったが、自治労のように、民主党と社民党を並列的に支持する産別もあり、支持の質的な意味は、産別ごとに異なっていた。新進党支持の産別のなかでは大きな変化はみられなかった。

　1996年11月20日、小選挙区・比例代表並立制にもとづく最初の総選挙の投開票が行われた。全国平均の投票率は59.65％で、1993年総選挙よりも7.64％ポイント低くなり、第二次大戦後の衆議院選挙ではもっとも低くなった。低投票率は、あらかじめ予測されていたので、連合は地方連合会を中心に「Let's Vote運動」を展開したが実らなかった。定数500人（小選挙区300人、ブロック比例200人）のうち各党の新議席は、自民党239（公示前211）、新進党156（同160）、民主党52（同、52）、共産党26（同15）、社民党15（同、30）、さきがけ2（同、9）、民改連1（同、2）、無所属9であった。自民党はかなり大幅な議席増を果たして復調の様相をみせてはいたが、過半数には達しなかった。議席をはっきり増加させたのは共産党で、衆議院での議員立法の提出権を確保した。新進党はわずかながら議席を減らし、民主党は現状維持にとどまった。社民党とさきがけは、いずれも民主党成立の影響もあり、惨敗した。連合が力をいれた民改連は1名にとどまり、社民党から分離した新社会党は日教組出身の槇枝元文元総評議長などが支援したが、議席を確保

できなかった。

この選挙で、連合は、自民党の単独過半数は絶対に阻止すること
を基本としていたが、具体的な方針は、構成組織の判断に委ねた。
その構成組織の対応は複雑だった。比較的すっきりしていたのは、
旧同盟系産別を結集している友愛会への加盟産別組織で、ゼンセン
同盟、ゼンキン連合、全郵政などの組織内候補者はすべて新進党の
公認であった。一方、旧総評・中立労連系の産別が組織していた連
帯する会（社会党の社民党への党名変更にともない社民党と連帯する労
働組合会議と改称）の方は、総選挙直前の合同単産委員長会議で「小
選挙区・比例区を通じて民主党支援を基軸に闘う」とする方針を決
め、事実上、社民党には見切りをつけていた。

しかし、連帯する会に所属する産別のなかでは、組織内候補者に
かぎっても、たとえば自治労が民主党、社民党、無所属に、日教組
が民主党、社民党、新社会党にまたがり、金属機械は無所属のみ、
合化労連は社会党のみ、全水道は新社会党のみ、などの状態となっ
ていた。情報労連、全逓、電機連合の組織内候補には民主党候補者
とともに無所属がふくまれていた。連帯する会に所属していた鉄鋼
労連と、連帯する会にも友愛会にも所属しない自動車総連の組織内
候補者はいずれも新進党公認だった。

民主党と社民党の双方から組織内の候補者をだした産別では、当
選者数では、全体状況を反映して民主党の方が多かった。たとえば
自治労では16人の組織内候補者をだし、10人が当選したが、その
うちの8人は民主党だった。14人の組織内候補者をだした日教組
でも、当選者5人のうち3人が民主党だった。全労協の主力組合で
ある国労は、過去においては日教組とならび労働組合のなかではも
っとも多くの国会議席をもっていたが、この選挙では、富塚三夫元
総評事務局長を含め5人の組織内候補者（民主党3、社民党、無所属
各1）が全員落選した。全体としても、労働組合の組織内衆議院議
員数は大幅に減少した。

各産別組織のすいせんや準すいせんとなると、さらに複雑さが増した。たとえば、全電通を主力とする情報労連は、組織内候補や重点候補のほかに 158 人のすいせん候補を決めていたが、そのなかには自民党公認が 3 人含まれていた。おなじように電機連合のすいせん候補 177 人中の 9 人、JR 総連 44 人中の 7 人が自民党の候補者であった。これらのすいせん候補者は、かつての商業労連がそうであったように、支持政党を特別に決めず、党派を超えて当該の産別の政策活動に協力的な個人を友好議員として支援するというようなものではなかった。一方で、支持・協力すべき政党を決めつつ、他方で、個別には、対立してきた政党の候補者まですいせんするということになり、組合員に混乱をもたらしたり、低投票率をもたらしたり、支持政党への結束をゆるめたりする結果を生みだすことにもつながった。

　なお、翌年の 1997 年 1 月 17 日に開かれた自民党大会に岩山保雄電機連合会長、佐々森和男情報労連委員長ら、9 産別 1 共闘組織の代表が、労組代表としてはじめて出席した。出席者を代表して、岩山電機連合会長が「自民党が総選挙の結果復権したが、いまの自民党は 55 年体制下の自民党とは違っている」などとあいさつした。

　投票率が低く、また労働組合組織の政党との関係が複雑になった要素の 1 つは、この選挙には決定的な争点がなかったということが影響していた。もっとも大きな争点となるとみられていたのは、消費税の引き上げであったが、その決定は村山内閣期の閣議で行われていたから、与党 3 党のあいだでは、低所得者層への配慮のあり方などについての論議はあったが、引き上げ自体についての政策上の違いはなかった。

　社民党では、この間に、委員長が村山委員長から消費税の絶対反対をかかげて 1989 年選挙の参議院選挙で躍進したときの委員長である土井たか子に交代していたが、1996 年の時点では、土井委員長は税率引き上げの賛否については沈黙を守っていた。新進党は国

民福祉税問題以来、むしろ消費税増税の推進役をつとめてきたかかわりもあり、消費税問題については明確な主張は行わなかった。民主党は、将来のあるべき政権の姿を中心に政策プログラムを組み立てており、当面の課題としての消費税にはふれていなかった。唯一、共産党が消費税増税反対、消費税の廃止を選挙公約にかかげていた。選挙後のことであるが、11月17日には、共産党は浅草で、地元の商店街や全労連系組合と協力して、消費税の増税に反対する下町大行進を組織したりもした。

　連合は、告示直前の「組合員・家族、働く仲間へのアピール」のなかで、「早急に実施されるべき施策」として、景気対策・雇用創出、介護、地方分権、行政改革、情報公開をあげていたが、消費税にどう対応するかは含まれていなかった。

　新しい議席のもとでの特別国会は1996年11月7日に招集され、首班指名選挙が行われた結果、橋本龍太郎が指名された。過半数の議席を確保できなかった自民党は、社民党とさきがけに連立内閣の継続を打診したが、両党ともに、総選挙での惨敗を考慮して、閣僚はださず、閣外協力にとどまる方針を決めた。11月7日に発足した第2次橋本内閣の閣僚は全員自民党議員となった。1993年の細川内閣以来の連立政権の時代は形式的にはさしあたり終りを告げた。

◇ヨーロッパにおける社会民主主義の復権

　この時期、ヨーロッパのいくつかの国で社会民主主義の復権ともいうべき事態が進行していた。1996年4月のイタリア総選挙ではオリーブの木が勝利した。5月には、イギリスの総選挙で18年ぶりに労働党が勝利し、ブレア政権が誕生した。6月にはフランスでは左翼のジョスパン政権が誕生した。2年後のことであるが、1998年10月には、ドイツで社民党と緑の党の連立で、シュレーダー政権が誕生することになる。

　このうち、イタリアのオリーブの木は、経済学者のロマーノ・ブ

ロディが提唱したもので、オリーブの木という名称もブロディの発案だった。これは中道左派の諸政党を1つの傘のもとに結集して、右派から政権を奪取しようという構想だった。この構想には、かつての政権党であるキリスト教民主同盟の流れをもつ人民党も参加したが、中心となったのは、かつてのイタリア共産党がユーロコミュニズムを経過して社会民主主義政党になり、社会主義インターにも加盟していた左翼民主党だった。そのほか合わせて12の政党が傘の下に集まった。選挙に勝利したのち、ブロディ自身が首相の座についた。共産党の伝統を守ろうということで分裂して結成されていた再建共産党も閣外協力を行った。

　オリーブの木には、前段のモデルがあった。イタリアの労働組合には、共産党系のCGIL、キリスト教系のCISL、それに旧社会党系のUILの三大ナショナルセンターがあったが、1979年のいわゆる「暑い秋」で三大労組の統一行動が実現して以来、多くの分野で共同行動が行われるようになった。ここでは、統一した組織をつくるというのではなく、連合体というかたちで1つの傘のもとで複数の組織が共同するというもので、オリーブの木とおなじ発想が含まれていた。この場合のカギとなったのは、最大労組CGILで、この組織は世界労連に属していたが、1980年代はじめに脱退し、他の二大労組とともに国際自由労連やヨーロッパ労連に加盟した。

　オリーブの木の成功は日本にも影響を与えた。1996年総選挙のあと、民主党の菅共同代表や、社民党の伊藤茂副委員長らがこれをモデルとする意向を示したし、新進党の小沢一郎代表も関心を示したこともあったが、実現の動きにはならなかった。

　長く二大政党制の伝統をもつイギリス労働党の政権復帰は別の意味をもっていた。イギリスでは1978年のサッチャー政権の成立以来、サッチャリズムと呼ばれるネオ・リベラル路線、いいかえれば市場万能主義にもとづく政策がつぎつぎと展開された。炭鉱から、鉄道、電力、水道事業にいたるまで民営化が推進された。医療分野

でも、一部民営化が導入され、富裕層は自己負担で選択可能な病院などで治療をうけられるようになった。外国からの投資を呼び込む目的で、金融の牙城であるシティが外国資本に開放されたが、結果はアメリカなど外国のファンドなどによって支配される結果を招いた。この現象は、会場は提供しても活躍するイギリス人選手がいないテニス大会にちなんで、ウインブルドン現象と呼ばれた。

　ネオ・リベラル路線の大きな焦点は労働組合の弱体化にも向けられ、労使関係法などで争議などはきびしく制限された。これに対しては、炭鉱労組などが果敢に抵抗したが敗北した。サッチャリズムは、国家財政の負担を少なくすることで、経済成長をはかり、イギリス病とも呼ばれた失業の減少をはかることを目標としていた。しかし、実際には、サッチャリズムの全期間をつうじて、国家財政も雇用情勢も改善しなかった。市場万能主義は、国民のあいだのさまざまな格差を増大させた。国家財政については、最初は付加価値税の増税で対処し、のちには人頭税（1人あたりの定額の税）を導入しようとして、有権者の反発を招き、支持率が低下して、1992年に辞職していた。1996年総選挙での労働党トニー・ブレアの勝利はサッチャリズムへの国民的な批判を土台としていた。

　とはいえ、ブレアの勝利はそれまでの福祉国家型の労働党の諸政策への復帰を意味してはいなかった。総選挙を前にした大会で、労働党はそれまでいわば党是ともしてきた産業国有化の旗をおろすことを決めていた。それに代わるものとしてブレアがかかげたのは「第3の道」というものであった。サッチャリズムのような市場万能主義でもなく、国有化を基本とした伝統的な社会主義路線でもない、新しい道という意味であった。政治路線上からすると、イタリアの場合とおなじく、「中道」の道を選択する、ということであった。

　「第三の道」は、イギリスの社会学者、アンソニー・ギデンスによって理論化されていた。その内容は、経済的効率と社会的公正の両立・調和をめざすというものであった。効率をもたらす市場は、

放置をすれば、失業とか貧困とかのかたちで排除をもたらす。しかし、その市場の論理を否定するのではなく、すべての人びとが活用できる仕組みを公的につくることが「第三の道」の内容であるとされた。たとえば失業の場合、従来であれば、失業保険や失業手当によって生活の保障を行うことが主たる政策とされてきたが、「第三の道」のもとでは、就労前であれば公立学校を改革し、すでに就労あるいは失業している場合であれば体系的な就労支援を行い、すべての人に適切な所得を保障する仕事を見出すことができるようにすることが重点となる。

　ここでは「すべての人」が重要なポイントで、その概念は、原語ではインクルージョン、佐和隆光・京都大学教授（当時）の日本語訳では「包摂」という用語で示された。社会環境で負荷を負っていたり、障がいがあっても、排除されないことを意味していた。このような人びとが就労するうえでは、職業教育だけでなく、就業機会そのものが創出される必要があり、そのような就業機会はそれぞれの地域で、公共的な支援が行われるなかで、人びと自身がつくりだしていくことが奨励された。こうした事業はのちに社会的企業としてOECD諸国に定着した。そうした新しい公共政策を推進するうえでは、地域の公共政策が重要となるということもあって、地方分権が重視された。

　全体としていえば、過去の労働党が「結果の平等」をめざしたとするなら、「第三の道」では、「結果の平等」が否定されたわけではなかったが、それへの道程として、「機会の平等」が重視された。その意味では、こうした考え方は、アメリカ民主党のリベラル派とも共通するものがあった。ちょうどアメリカでは、レーガン大統領下で行われた市場万能主義に対抗するかたちで1992年に大統領に当選し、1996年に再選されていた民主党のビル・クリントンの政策とも通ずるものがあった。結果的には実現されなかったが、翌1997年、ドイツでシュレーダー政権が誕生して以降、イギリス労

働党、ドイツ社民党では、アメリカ民主党とも提携する民主主義イ
ンターナショナル形成の動きもみられた。

「第三の道」には大きな問題もあった。イギリス労働党のもっと
も重要な組織基盤である労働組合のなかにはこの新しい中道路線へ
の大きな反対意見があった。労働党大会や TUC の大会では、この
路線がサッチャリズムの延長ではないか、という批判がたえず噴出
した。

「第三の道」は、日本の知識人グループに広くうけいれられ、連合
周辺でもその進展状況について国際労働財団によって現地調査も行
われたが、政党のあいだでは、オリーブの木ほどには、影響をおよ
ぼさなかった。しかし、「第三の道」に含まれていた政策上の内容は、
その後 13 年を経て、民主党政権が出現したさいの政策面での大きな
キーワードとなった「新しい公共」とあい通ずるものがあった。

アメリカには、社会民主主義の政治的伝統はほとんどなくその刷
新というかたちはとらなかったが、そのかわり、労働組合自身のな
かで、新しい動きが顕著にみられるようになった。1995 年、AFL-
CIO の新会長にジョン・スウィニーが選出された。スウィニーは
SEIU（国際サービス従業員組合）の会長だった。その組合員の多く
は、ビルの清掃・管理を行う労働者（ジャニタ）であり、多くが移
民労働者でもあった。スウィニーが率いる SEIU は「ジャニタに正
義を！」のスローガンをかかげて、いわゆる下層労働者の組織化を
すすめ、アメリカ労働運動の再活性化を果たしていた。

スウィニー新会長のもとでの AFL-CIO は、それまでの執行部が
既存の組合員へのサービスを中心とした活動を組織してきたのに対
して、組合予算の 30％を目標として、組織化対策に大胆に資金を
投入し、新規の組合員を獲得することに全力を上げた。このような
戦略は、一定の効果をもったが、全体としては組織率の低下に歯止
めがかからず、のち 2000 年代には、政治的な意見の違いも生じて、
AFL-CIO が分裂する事態も生じた。

アジアでは、1996年年末、韓国で韓国民主労組、韓国労総とが共同して、労働関係法改正に反対してゼネストを行っていた。このゼネストは、大きな政治的効果をもち、翌1997年3月に、同法が再改正された。労働関係法については、1997年1月、国際自由労連の調査団が韓国に派遣され、連合の芦田会長がこれに参加した。調査団は、韓国政府に対して抗議活動を行った。労働関係法の再改正には、このような国際活動も影響をおよぼした。

◇スウィニー来日とロサンゼルス・ニューオータニホテルの争議

1997年春闘がまだ進行しているさなかの4月8日と9日に、連合はAFL-CIOとの定期会談を東京で行った。この会談に出席するために、AFL-CIOからは、スウィニー会長が、ヨーキッチ副会長らとともに来日していた。両者の会談の1つの重要なポイントは、ロサンゼルスのリトル・トウキョウに位置するロサンゼルス・ニューオータニ・ホテル・アンド・ガーデンの争議への連合側からの支援だった。

東京のホテルニューオータニを親会社とする同ホテルでは、移民労働者である3人のメードを1995年2月に解雇したために争議が発生していた。会社側の主張では、3人がホテルの規則に反して、他の従業員のタイムカードをパンチするという不正操作を行ったというのが、解雇の理由だった。しかし、この3人は同ホテルで16年間清掃などの仕事を行ってきたが、SEIUの組合員となり、大部分が低賃金の移民労働者である同ホテルの組合員の獲得のために積極的な活動を行っていたことから、解雇の本当の理由は、3人の解雇によって、同ホテルにおけるSEIUの組織活動を阻止することにあるとみなされた。3人は復職を求めて争議状態に入り、SEIUも積極的な支援を行っていた。ロサンゼルスタイムズなど有力なメディアもこの争議を取り上げ、グローバル化の時代の最先端の争議として国際的にも注目された。

連合側からは芦田会長、鷲尾事務局長らが出席した会談で、紛争

の解決に共同行動を行うことが合意された。のち、7月の連合中央
執行委員会では、日本国内、アメリカ、中国、シンガポールに存在
するニューオータニチェーンの不使用を決定した。スウィニー会長
らは、また東京で、ニューオータニの経営者側と会見し、和解をう
ながし、経営者側もある程度の理解を示したが、ロサンゼルス現地
の経営陣は強硬で、争議状態は継続した。

　1997 年、ロサンゼルス地裁は、組合活動が解雇の要因であると
はみとめられないとして、ホテル側に有利な判決をくだした。

3. 「改革」諸立法と労働組合と 1997 年春闘

◇保護か平等か

　1996 年 11 月 28 日、ゼンセン同盟高木剛会長名で、芦田連合会
長あて、一通の意見書が届けられた。同日、労働省の婦人少年問題
審議会（以下、婦少審）婦人部会長あてにも、「男女雇用機会均等法
及び労働基準法改正に関するゼンセン同盟の意見」というおなじタ
イトルのついた文書が届けられた。

　1985 年に男女雇用機会均等法が成立して、1995 年には 10 年が
経過し、同年、10 月以降、婦少審の婦人部会（会長若菜允子弁護士）
で、見直しの検討がはじまった。連合は、この見直しを重視し、雇
用平等に実効のある法改正を行うよう政府に求めるとともに、3.8
国際女性デーや 5 月の「実効ある男女雇用機会均等法を求めて」の
行動月間とそれに引き続く時期での大衆行動を強めた。10 月には、
鷲尾事務局長とともに、赤松良子・文京女子大学教授、竹中恵美
子・龍谷大学教授、樋口恵子・東京家政大教授など、著名な女性研
究者を含む男女雇用平等法を実現するフォーラムを設立したりし
て、政府への圧力と世論喚起に努めていた。

　連合の主張は政府への申し入れのなかで示されていた。その内容
は、①法の名称と内容を雇用機会の均等から募集採用から退職に至

る雇用の全ステージと賃金・労働時間を含めた労働条件の全面で男女差別を禁止する男女雇用平等法に変える、②妊娠・出産にかかわる女性保護を強化する、③男女がともに仕事と家庭の両立をはかることができるよう労働基準等の整備を行う、③間接差別とセクハラの禁止措置を盛りこむ、などであった。全体としては、雇用の全体におよぶ平等が前面にでているが、必要な規制は男女共通に規定する、という考えだった。

　審議の過程で、焦点となったのは、それまでの労働基準法のなかにあった、医療分野など特定の職種を除いて女性には禁止されていた深夜労働の問題だった。男女平等を主張するなら、男性ができるのに女性ができないのはおかしい、というのが深夜労働解禁の主張の根拠だった。連合の産別のなかでは、この見解にたっていたのが、したがってまた女性の深夜労働の解禁にもっとも積極的だったのは自動車総連だった。自動車総連は1995年の段階でこの見解に沿った意見書をだしていた。自動車産業の組立て部門の現場では、一般に2交替制で作業が行われていたが、残業が発生して深夜に及ぶ場合が少なくなく、この分野で女性を活用しようとしていた自動車産業では、深夜業の解禁が必須のものとなっていた。じっさいにも、女性の深夜労働の解禁以降、トヨタの子会社の北九州トヨタを手始めに、多くの組立工場の基幹的な労働者として女性が進出していくことになる。

　女性の深夜業解禁について慎重だったのはゼンセン同盟だった。ゼンセン同盟はもともとの組織対象である綿紡績業では若年の女性労働者が多く働いており、女性保護に力をいれてきた。実際には法律上の緩和規程を利用して夜10時30分まで無許可で交替制労働をさせていた企業が少なくなかった。この状態を解消し、夜10時00分以降を深夜労働とするためにゼンセン同盟は血のでるような努力を重ねた経験をもっていた。この立場からすると、安易な解禁はゆるせないことになる。

　連合は、1996年6月の中央委員会で、この双方の意見を考慮した「男女雇用機会均等法・労基法改正要求」を決定した。この要求のなかで、深夜労働については、規制緩和についての積極派と消極派の双方の見解が示されていた。緩和に慎重な意見では「家族的責任を省みない会社中心の男性の働き方に女性を合わせたら家族的責任を担っている女性は働き続けることができない。したがって男性の労働時間短縮の法的整備が女子保護規定緩和の前提条件である」としていた。一方、積極派の意見は、「深夜業禁止の結果、深夜帯は男子が替わって労働するこのような実態をそのままにして、男女平等をいうのはおかしい」というものだった。

　連合は、これらの意見を勘案して、意見をまず、「男女共通の規制」と「男女別の規制」にわけ、連合としては共通の規制の方をとるとしたうえ、その内容を、現行の労基法36条をそのまま適用する方法と現行の枠組みに上限等の法的規制を加える、という2つの案を示したうえ、法的規制のあり方についても、女子の年間150時間規制を男性にも適用する方法と36条協定の目安360時間に法的根拠を与える方法の2つがあることを示した。このように各種のあり方を示したうえで、連合としては、上限についての枠組み規制をもうけるとした。結論的には、総論としては、男女平等を重視することとし、労働時間のあり方について男女共通の規制を強化する、というのが連合の立場だった。この決定にあたっては、ゼンセン同盟も一応は同意して、連合としての意思がまとめられた。

　この連合の方針に対して全労連は、連合の深夜労働の撤廃方針は「財界の女子保護撤廃に労働組合が道を開くもの」と非難するアピールをだした。

　連合の方針が決定されたのちも、産別間の意見の違いはつづいた。1996年7月に行われた連合の討論集会のさいには、鷲尾事務局長が「均等法を平等法にするのが連合の目標であり、母性保護を無視しているわけではなく、男女同等の時間外規制を考えている」

と説明したのに対して、ゼンセン同盟の代表は、「均等法には罰則がない。罰則のある労基法さえ完全にまもられてはいない。まず現行の労基法を遵守させることを最優先にすべきだ」と、女子保護規定の継続を改めて主張した。

婦少審に連合からでている委員は高島順子と熊崎清子だったが、連合の方針にしたがってその実現に努力した。婦少審の婦人部会は、7月16日に中間報告をとりまとめた。この中間報告では、均等法の全体については、いまだに問題を残す変則的な制度になっているとし、必要な法整備を行うべきだとした。また、労基法上の女子保護規定については、女性の職域拡大、均等取り扱いをいっそうすすめる観点から、撤廃を求める企業の要請は強まり、女性労働者からも、見直しを求める声があがっているとし、「労働基準法の女子保護規定は母性保護規定を除き解消することが望まれる」と結論づけた。ただ、そのあとにその解消はわが国の社会、経済の現状を十分に踏まえたものとすべきだともしており、いわば激変緩和措置も求めていた。

その後、1996年7月から10月にかけて、連合は、実効のある雇用平等法をもとめる各種の行動を展開した。10月22日には中央女性集会がもたれ、男女雇用平等法への改正のほか、間接差別やセクハラの禁止、母性保護の強化、男女労働者の仕事と家族の両立支援策の強化などを内容とする決議も行われた。婦人部会の中間報告をうけた婦少審は、まず公益委員によるいわゆる公益案を1996年11月26日に公表した。ゼンセン同盟の意見書は公表された公益案に対するものであった。しかし、婦少審は12月17日、公益案とほぼおなじ内容の建議をまとめた。

婦少審の建議では、雇用平等法の制定という連合の要求にたいしては、現行の均等法の改正で対処するとしたうえ、実効ある法制度とすべきこと、男女の職務分離を性差別として禁止すべきこと、法違反の企業は労働大臣が公表すること、セクハラについては企業に

配慮義務を課すこと、などとしていた。このうち職務分離の項で示されていた内容は、均等法以降各企業で進展していた総合職と一般職の分離のなかで、一般職を女性だけに限定するといった旧男女雇用機会均等法で認められていた雇用管理の方法を禁止するというものであった。

　また焦点となっている女性保護の規定については、女性の職域拡大、均等取り扱いの推進の観点から解消することとされ、女子保護規定の解消に伴い、育児や家族介護の問題を抱えた一定範囲の労働者の深夜業免除の法的措置を講ずること、ともされていた。要するに、女性保護にかんしては、いわばポジティブリスト（深夜業などが認められる種類の労働者を列記する）からネガティブリスト化（深夜業などが禁止される種類の労働者を列記する）への原則的な変更を求めていた。

　建議をうけた労働省は、1997年1月に男女雇用機会均等法と関連する労働基準法の改正案作りをすすめ、婦少審と中央労働基準審議会（中基審）に諮問した。2つの審議会は、同月末「おおむね妥当」とする答申を行い、政府は2月7日、男女雇用機会均等法改正と労働基準法改正の双方を含む男女雇用機会均等法等整備法案を国会に提出した。法案の内容は、男女雇用機会均等法の方はほぼ建議に沿ったもので、募集、採用、配置・昇進について女性の差別を禁止し、違反した場合、企業名の公表というかたちで罰則を設ける、調停をうけやすくするための制度の改善などで、労基法の方は、女性労働者に対する時間外・休日労働、深夜業の規制の解消などであった。

　このなかには、連合が要求していたような雇用平等法への展開、男女共通の残業規制とか間接差別の禁止などは含まれていなかったが、連合は「いくつかの点で課題は残るものの、ほぼ連合の要求を満たすもの」と評価した。これ以降、連合は時間外、休日労働、深夜労働についての男女共通規制の強化などの点についてなお法段階

での修正を求めて活動し、これらの点を衆議院の労働委員会に参考人として出席した鷲尾事務局長も強調した。一方で、大衆運動の面では地方連合会などをつうじての新法の学習活動などに力を注いだ。全労連の方はなお女子保護規定の撤廃・緩和に反対するとして、国会請願などを続けた。

　法案は1997年5月20に衆議院を、6月11日に参議院を、いずれも付帯決議をつけて通過、成立した。成立にあたって連合は、審議のなかでは連合の要請がかなり反映されたものと評価し、今後は省令・指針の策定と時間外・休日労働および深夜労働の男女共通規制に全力をあげる、とする事務局長談話を発表した。

◇**労働にかかわる規制緩和**

　労基法上の女性保護規定の解消は、男女平等を大義名分としていたが、規制緩和策の一環でもあった。規制緩和はさまざまな分野におよび、3月に政府が決定した規制緩和推進計画の項目では1700項目以上に達していた。そうした規制緩和のうちの重要な部分が労働にかかわっていた。

　1996年、連合の芦田会長、鷲尾事務局長らは、日経連の根本二郎会長、福岡道生専務理事らと共同で、橋本首相と会見した。会見の目的は、連合と日経連が共同研究会を組織してすすめてきた新産業・雇用創出プランを報告し、政府の施策として取り入れるよう、申し入れをするためであった。会談では、根本日経連会長が、「アメリカにはニュービジネス協会があり、1800万人の雇用を創出した。こうした状況をつくるには、労働市場の流動化が必要である」と発言したことから、話題は、労働にかんする規制緩和問題に集中した。以下は『資料労働運動史』に収録されたやりとりである。

　橋本：いまアメリカの例をいわれたが、たしかにアメリカでは規

制緩和によって労働市場が変わったと思う。有料職業紹介、労働者派遣の影響が大きい。ミスマッチもたしかに解消したかもしれない。しかし労働者の給料は減っているのではないか。

根本：そのとおり。30% 下がったといわれている。

芦田：連合も労働市場の流動化を否定するものではない。しかしなんでもかんでもアメリカの例をもちだすことには賛成しない。日本的労使関係は大切にしていくことが必要。流動化だけではうまくいかない。日本的な労使モデルを作りたいと思う。労働条件を下げるということではわれわれの考えとは違う。

福岡：日経連もアメリカを見習えとはいっていない。アメリカ型でもヨーロッパ型でもない第三の道を選択すべきだと言っている。

橋本：今の規制緩和の流れは、有料職業紹介や派遣のように、労働者の姿勢をもっとめちゃくちゃに変えよう、ということだろうが、私は正直にいって危険なことだと思う。……アメリカでは基幹的な労働者はともかく、周辺労働者は皆、人材派遣形態になっているではないか。企業にとってもプラスばかりではないと思う。

鷲尾：アメリカでいえることは、労働市場の流動化によって、組合つぶしができた、ということ。……日本的な労使の話合いというよい部分が生かされることが必要だと思う。

橋本：そう。（芦田会長に対して）私のいうこともまともでしょう？（笑い）

芦田：ほんとうに最近の学者はことあるごとにアメリカやニュージーランドの例ばかりをだす。

橋本：そのとおり。でもニュージーランドといっても、名古屋程度の国の規制緩和ももちだして一体どうするのか、という気

もする。生首をとばしていいのか、ということ。

　ここに示されるかぎりでは、橋本首相は、連合よりも日経連に批判的で、労働にかんする規制緩和にはかなり慎重な意向をもっているかのようだった。一般に橋本内閣は、ネオ・リベラリズムの色彩をもっていたとされるが、首相本人はやや違った考え方を、少なくとも政労使三者の会談では示していたことになる。とはいえ、実際には、橋本内閣のもとで、経済面全般にかかわる規制緩和とともに、労働にかかわる重大な規制緩和がつぎつぎと展開されようとしていた。政府の規制緩和推進計画のなかには、たとえば、職業安定法上の有料職業紹介のネガティブリスト化による拡大、労働者派遣事業の対象業務の大幅拡大とネガティブリスト化、それに連合が大きな問題とした純粋持株会社の解禁も含まれていた。これらの具体的な問題はまたのちのものがたりにつながる。

　こうした規制緩和の推進のなかで、連合の方針も変化をみせた。既述のように、連合は経済的規制と社会的規制を分け、前者については積極的に緩和を推進し、同時に後者については規制を強化するという二分法の立場をもっていた。1996年3月の規制緩和推進計画の改定のさいも、これを評価する事務局長談話を発表していた。しかし、その具体化が進展するにつれて、連合内部にも規制緩和の推進に対して警戒感が生まれるようになった。規制改革の内容については行政改革委員会の小委員会で検討され、その報告書が1996年12月に提出されたが、そのさいに連合事務局長が発表した談話では、「経済的規制の緩和・撤廃は、雇用・労働条件に直接的な影響をもたらすし、一見経済的規制とみられるものも、公平なサービス、安全、消費者保護などの側面を有し、社会的規制と同様な慎重な対応が必要である」とする見解を示した。

　労働組合のなかでは、規制緩和についていわば先頭を走ってきた金属労協も1996年年末の幹事会では、規制緩和が無批判に労働条件

問題にまでもちこまれつつある状態のなかで、一歩慎重さを示すようになり、以前の連合のように、経済的規制と社会的規制を明確に区分し、両者を混同しないようにする必要があるとの見解を示した。

この時期、規制緩和に反対して明確な闘争を展開したのは、ナショナルセンターに加盟していないが、交運労協に参加していた全港湾を中心とする全国港湾と連合加盟の港運同盟だった。発端は 1996 年 12 月に運輸省が、アメリカからの圧力もあって、物流・全事業分野での需給調整の廃止をうちだしたことだった。両組合は、賃上げなどの春闘要求とともに、港湾運送事業の規制緩和に反対し、労使間の事前協議制の導入などを要求して、1997 年 3 月 12 日に 24 時間ストライキを決行した。これは 12 年ぶりのことであった。経営者団体がはかばかしい回答を示さないため、3 月 16 日以降には日曜荷役拒否闘争、3 月 31 日以降は夜間荷役拒否闘争も実施された。4 月 8 日の団体交渉で、経営者団体の日港協から、港湾運送事業の規制緩和については経営者側も反対する、港湾労働者の雇用と就労に影響をおよぼす場合には協議を行うこととなっている、事前協議制についての外部からの不当な圧力、介入には反対する、などの回答が行われた結果、夜間荷役闘争は中止され、日曜荷役も新たな協定が締結されて 6 月以降再開された。

しかし、アメリカ側の要求は強硬で、事前協議制で、アメリカの船舶が不利益を被っているとして、事前協議制に参加している日本の船会社に制裁金を課した。日米両政府のあいだで協議が行われ、結果的に事前協議制の効力をなくすことで決着をした。全国港湾と港運同盟は 1997 年 11 月にもう一度ストライキを実施した。

連合加盟組合とナショナルセンター未加盟の組織との共同争議は、めずらしかった。ここまでの段階で、連合加盟組織と全労連加盟組織との共同闘争や連携は皆無だった。両組織のあいだの公式の協議も行われなかった。唯一の例外は 1996 年 8 月に行われた連合と全労連の事務局長の会談で、ここでは、地方労働委員会の労働側

委員を連合が独占していることについて全労連側が異議を申し立てていたことに対処するものであった。この会談では、実態を調査することで協議がまとまった。こののち、京都府などいくつかの都道府県では、全労連系からも労働側委員が選出されることとなった。

◇ 1997 年春闘

　例年のように、1996 年秋からは、1997 年春闘の準備がすすめられた。後述のように、1997 年の後半には金融破綻が随所でみられるようになり、すでにその一部は 1996 年にも現れていたが、春闘の準備段階までは、経済全体は比較的順調だった。1996 年の実質経済成長率は 2.6% と前年を上回った。1997 年 1 ～ 3 月の段階でも、消費税の増税をまえにした駆け込み需要の影響もあって、比較的堅調に推移していた。しかし一方では、失業率は 3.4 ～ 3.5% と高い水準で推移したままで、有効求人倍率も 1 月には 0.76 倍という厳しい水準を示していた。

　連合の 1997 年春闘準備は例年通り 1996 年 10 月段階からすすめられた。内容も例年通り、賃上げ、時短、政策制度の 3 本柱ですめることとし、そのうち、賃上げ要求については、前年とおなじく平均賃上げで 1 万 3000 円とすることを決めた。傘下の各産別では、ほぼこの方針にしたがって要求額を決定した。ヤマ場の決め方は、前年までとはやや異なり、「3 月 18、19 ～ 25、26 日まで切れ目のない大きなヤマ場」と位置づけた。金属労協は 3 月 18 日を集中回答日に決めた。

　全労連の方は、これも前年とおなじ 3 万 5000 円以上の賃上げを要求した。

　日経連はこれも例年通り、1 月に労働問題研究委員会報告を発表した。内容はほぼ 1996 年とおなじで、名目水準が世界のトップレベルにあり、これ以上の賃上げは国際競争力を削ぐので、生産性の向上分は雇用の維持創出にあて、ついで賞与・一時金で対処すべき

だとして、ベースアップゼロの立場を堅持した。

　これも例年通り、連合は2月13日の闘争開始宣言中央総決起集会を皮切りに、各種の集会、街頭宣伝、政策制度課題での国会動員などを行って盛り上げをはかった。

　この春闘期間中、労働4団体時代から春闘の中核産別の1つとなってきた私鉄総連に異変がおきた。私鉄総連では、30年間にわたって、参加組合には多少の違いはあるものの、春闘交渉は、大手私鉄の労使が参加する集団交渉というかたちをとってきた。集団交渉であるから、形式上の各社交渉をまとまってやるということであったが、実際は、たとえば、最終段階では、私鉄総連と経営者団体である民鉄協会のトップ交渉で賃上げ額がきまるということもあり、実質的には産別交渉だった。1995年と1996年には阪神・淡路大震災の影響もあり、京阪、阪急、阪神の3者は集団交渉に参加しなかったが、集団交渉自体は関東大手を中心に実施された。

　ところが1997年になって、今度は関東の最大手である東急労組から私鉄総連に対して集団交渉には参加できない、という通告が行われた。東急の経営者側が集団交渉に参加しないことを決めたというのがその理由だった。ここには、私鉄の賃上げの方式も関係していた。私鉄のなかには、大手でも定期昇給を保障する賃金表をもたないところもあったため、一般企業の定期昇給分もベースアップとして込みにしてベースアップ要求とされてきた。東急ではこの2つを区分した賃上げ方式に変えたい、というのが意図に含まれていた。東急労組側も経営側に同調した。

　私鉄総連としては、東急がぬけても、賃上げ要求と妥結の表示の仕方を変えて集団交渉を続ける意向をもっていた。しかし東急以外からも、関東私鉄のなかで、各社別交渉に移行したいという加盟組合がでてきたため、集団交渉の継続を断念した。ここで私鉄では30年にわたって続いた集団交渉の姿は終った。

私鉄総連の例は、交渉の企業内化＝インサイダー化の1つの現れだったが、逆に産別機能を強化する動きもあった。自動車総連がはじめて前年実績額＋上積み600円というかたちで、歯止めを設定したことがそれにあたる。

　1997年3月18日の集中回答日には、金属労協大手に回答が示された。トヨタは歯止めを100円上回る9400円で妥結し、他の自動車労組も妥結基準をクリアした。電機は前年にプラス200円となった。鉄鋼は前年と同額の1000円だったが、一時金で増額した。

　集団交渉から個別交渉に移った私鉄では、3月18日に東急がベースアップ2000円とほぼ定期昇給にあたる能力向上昇給6100円で妥結し、翌19日に（名鉄は20日）他の大手組合が妥結した。妥結方式は標準労働者方式と平均方式にわかれ、また妥結額は全体としては、直接に比較はできないものの、前年を200円程度上回ったものとみなされた。私鉄大手のなかでは東急がもっとも高かった。春闘のあとの7月に開催された私鉄総連の定期大会に提出された「97春闘のまとめ」では、いまもっとも問われていることは「大きな歴史の変わり目に対応できる産別組織をつくりあげていくこと」であるとされた。

　この年の春闘の賃上げは全体として、比較的平穏に経過し、電力とNTTでは、前年を下回ったものの、労働省調べでは、平均8927円、2.9％の賃上げとなり、額では215円、率ではわずかながら前年を上回った。ただ連合調査が示すところでは、大企業と中小企業の格差はさらに開いた。

第4章 社会システムの変化の時代へ

JAM の結成（1999.9.9）

年表

1997.4.1 改正労働基準法施行、6.11 改正男女雇用機会均等法成立

7.2 アジア通貨危機発生

9.11 鉄鋼労連隔年春闘決定

9.30 JAM 連合会 発足。10.1 化学リーグ 21 結成

10.2、3 連合第 5 回大会

11.3 三洋証券更生法申請、11.17 北海道拓殖銀行破綻、11.24 山一證券自主廃業

12.1 〜 11 温暖化防止京都会議。京都議定書締結

【概要】

　　1997年は、勤労者の家計としては、2020年現在なお破られていない実収入の最高を確保した年であった。翌年以降2011年までの約15年間、勤労者家計は、平均的には、貧困化していくことになる。日本経済をめぐる状況の悪化がその背景にはあった。この年7月にはアジア通貨危機が発生し、11月以降には、バブルの後遺症もあって、北海道拓殖銀行など、多数の金融機関が破綻した。一方で、すでに高齢社会に突入していた日本での少子高齢化の展開、女性の就業の拡大など社会構造の変化はさらに勢いを増していた。これを公的な政策としてささえるための財政は悪化が続いていた。橋本内閣は家計の悪化や社会構造の変化を無視して、財政改革に力を注いだ。連合が要求してきた所得税減税の打ち切り、消費税の増税、医療費の自己負担の拡大などがその内容だった。連合は、これらに対して、政策要求をかかげて対抗したが、当時、社会党などは閣外協力の立場にあり、他の野党はばらばらで、自民党に対抗する力をもたなかった。

　　この間、1997年10月に行われた連合大会では、橋本内閣が推進してきた規制緩和路線に対して危惧の念が表明された。この大会では、鷲尾会長、笹森事務局長（電力総連）による新指導部が発足した。

　　この間、連合内の産別のなかでは、いくつかの組織的な変動があった。そのもっとも重要なものは、旧総評・旧新産別の流れを引き継ぐ金属機械

150

と旧同盟系のゼンキン連合との組織統一をめざす動きで 1997 年には JAM
連合会が発足し、2 年後の 1999 年には、JAM が成立することとなった。

　1998 年の春闘では、連合は、賃上げと労働基準法改正問題を中心とす
る政策・制度課題を両輪とする春季生活闘争を展開した。この年は、鉄
鋼労連が、隔年春闘に転じた最初の年でもあった。結果的には、賃上げ
は前年比でマイナスとなった。産別間、大手・中小間の格差も拡大した。
とくに航空業界など規制緩和の対象となった産業では賃上げゼロが続出
した。賃上げの縮小、格差の拡大は、ただちに家計の実収入の縮小につ
ながった。労働時間短縮では一定の成果をあげた産別がいくつかみられ
たが、政策・制度闘争面では、裁量労働の拡大など規制緩和路線にたつ
施策がほぼ政府案通りに国会で可決された。

　1998 年には、政治面では、その後の政治のプロセスに決定的な影響を
およぼす事態がおきていた。この年 4 月の新民主党の成立がそれだった。
従来バラバラであった共産党を除く野党各党をほぼ結集するかたちでの
新民主党の成立を連合は歓迎した。7 月に実施された参議院選挙では自
民党は惨敗し、橋本首相は辞任を表明した。この参議院選挙で、民主党
は比例区では自民党と同数を獲得して、野党の中心としての位置を確保
した。

1. 分岐する「改革」

◇ 1997 年の位置

　この『ものがたり』が現在さしかかっている 1997 年という年は、
日本の労働者生活からみると、また生活をささえる社会システムの
面からみると、重大な転期だった。政府の家計調査をみると、この
年の 2 人以上の勤労者家計の実収入は、約 59 万 5000 円だった。そ
のうち、約 48 万 7000 円が、多くは男性と考えられる世帯主のつと
め先収入、つまり賃金で、世帯主の配偶者のうちの女性の収入が約
5 万 6000 円だった。

この勤労者家計の実収入は、翌 1998 年以降、急速に下がり続ける。もっとも低下した 2011 年ではその額は約 51 万円で、97 年からの減少額は約 8 万 5000 円だった。そのうちの世帯主のつとめ先収入は約 41 万円で減少幅は約 7 万 7000 円だった。世帯主の配偶者の収入は 5 万 3000 円で約 3000 円の減少だった。2012 年以降は、実収入は年々わずかながら上昇しているが、2017 年現在で勤労者家計の実収入は約 53 万 4000 円で、1997 年水準にはまだはるかに及ばない。

毎月勤労統計調査の結果をみてもこの傾向は変わらない。労働者の月間現金給与総額（規模 30 人以上、サービス業を含む）では、連合が結成された 1989 年の約 35 万 7000 円から 1997 年の約 42 万 1000 円まで増加するが、それ以降 2009 年の約 31 万 5000 円まで減少し、その後は持ち合い状態となり、2017 年では約 31 万 7000 円となっている。

コラム　1989 年以降の家計の変動

以下の表は連合が成立した 1989 年以降 2017 年までの勤労者家計の動向を家計調査からとったものである。原則は 5 年ごとにとってあるが、傾向が変化した年を加えてある。

(月額円)

年	世帯人員	有業人員	実収入	勤め先収入			支出の内		可処分所得
				世帯収入（全）	世帯主収入	配偶者収入（うち女）	非消費支出	勤労所得税	
1989	3.17	1.63	495,849	466,564	410,117	40,892	74,415	21,650	421,435
1995	3.58	1.67	570,817	536,458	467,799	54,484	88,644	22,153	482,174
1997	3.53	1.66	595,214	558,596	487,356	56,115	98,179	25,656	497,036
1998	3.5	1.66	588,916	551,283	480,122	55,891	93,029	20,876	495,887
1999	3.52	1.65	574,676	537,461	468,310	55,766	90,766	19,061	483,910
2000	3.46	1.65	560,954	526,331	460,436	53,232	88,132	18,479	472,823
2005	3.44	1.65	522,629	492,035	425,450	55,857	82,957	16,229	439,672
2010	3.4	1.66	521,056	485,912	418,127	56,762	90,774	14,306	430,282

2011	3.42	1.65	509973	473066	410226	53095	89579	15196	420394
2015	3.38	1.72	525955	485891	413546	63651	98508	16130	427447
2016	3.4	1.74	528103	489090	414689	64552	98586	16032	429516
2017	3.35	1.73	533936	494142	420029	64041	99374	16316	434562

出所：「家計調査」

　表が示しているように、1989 年から 1997 年の 8 年間は、世帯主の勤め先収入が毎年平均して月額 1 万円弱増加し、配偶者（女性）の収入も増加したから、勤労者家計の実収入は 1 万円強と比較的順調に増大した。ただし、この間、勤労所得税や社会保険料負担が増大したため、実収入から税・社会保険料を差し引いた可処分所得の伸びの平均額は月額 1 万円には達しなかった。

　1998 年以降 2011 年まではこの傾向はまったく逆転する。この間、世帯主の勤め先収入は毎年平均して月額 5500 円余り減少して、配偶者の勤め先収入の増加で一部補完したといっても、とうてい全額を補償することはできなかった。1997 年以降で家計の月額の実収入の最低額を記録する 2011 年では、最大額を記録した 1997 年より 8 万 5000 円余りも減少し、1989 年とほぼおなじ水準に並んだ。

　可処分所得では連合の強い要求で所得税減税は行われたものの社会保険料などは増加したため、おなじ期間に約 7 万 7000 円の減少となった。

　2012 年以降は家計の実収入は徐々に回復するが、2017 年現在 1997 年よりも 6 万円強低い水準となっている。

　1997 年春闘では小さいとはいえベースアップ分を確保していた。1998 年春闘でも少額とはいえベースアップ分を確保することになる。にもかかわらず、1998 年以降賃金が低下していくには理由があった。1 つは、毎月勤労統計調査が示すように、月例賃金では0.2％とわずかな上昇を示したが、所定外賃金は 7.1％減少し、一時金も 5.0％減少していた。労働時間でみると、1998 年には所定内労

働時間は前年比わずかに 0.6％の減少であったのに対して、所定外労働時間の方は 7.6％減少した。1997 年には国際的にはアジア通貨危機が発生し、国内では金融機関の破綻が続いて、輸出と国内需要の両面から景気が悪化した。1998 年の、したがって短期的には賃金状況には所定外賃金と一時金の減少というかたちで景気の悪化を反映していた。

コラム
アジア通貨危機

　きっかけがタイの通貨であるバーツの対ドル相場の急落にあったことから、バーツ危機ともよばれる。1997 年 7 月、タイの輸出の停滞をみたアメリカのヘッジファンドが、バーツの空売りをはじめた。タイの通貨当局は買い支えができず、ドルとの固定相場から変動相場制に移行したのち、1 ドル 25 バーツだったものが、1998 年 1 月には 1 ドル 56 バーツまで低下した。この間、短期的利益を求めてタイに流入していた外資は逃避し、バーツ安に拍車をかけた。またこの間、タイ通貨を救済するという名目で IMF（国際通貨基金）が 172 億ドルの支援を行ったが、そのかわり、財政支出の大幅削減など厳しい条件をつけた結果、タイ経済は需要不足から激しい不況に陥った。たとえば株価指数は最高値の約 9 分の 1 にまで落ちこんだ。

　おなじ時期、アジアの各国も通貨危機に襲われた。とくに激しい危機におちいったのは、インドネシアと韓国だった。インドネシアでは、ルピアの低下から激しいインフレーションにみまわれた。韓国の場合は自動車産業の低迷など国内的な要因も大きく作用した。この 2 国は、IMF の救援で危機を脱出したが、代償として課された厳しい緊縮財政などにより、失業の増大などをともなう不況が深刻化した。マレーシア、フィリピンなどでも通貨危機がおこり、そのなかでマレーシアだけが IMF の条件を拒否して自力で危機を脱却した。その後、通貨危機はロシアとブラジルでも発生した。

　この時期、日本では金融機関の破綻があいつぐようになった。直接的な原因は株価の下落などバブルの処理にあったが、アジア通貨危機が要因の１つともなった。

　しかし、そののちになると、月例賃金そのものも減少傾向を示すことになる。その理由は構造的なもので、すでに1998年の労働統計のなかに現れていた。1998年の常用雇用は0.1％の伸びであったが、そのうち一般労働者は0.8％減少し、それにかわってパートタイム労働者が4.4％増加した。さらに、産業別にみると、賃金の対前年比は製造業では1.4％の減少であったのに対して、サービス業が2.0％の増であった。

　この時期、労働組合があるところでも大企業と中小企業のあいだに格差が拡大していた。しかし、全体的にいえば、労働者の比率では、相対的に賃金が高く労働組合への組織率も高い産業とその正規労働者から、賃金が低く組織率も低い産業分野と非正規労働者、いいかえれば、もともと労働組合の影響力が小さい分野での労働者が多くなっていた。

コラム　正規、非正規別 労働者構成の推移

　次図は労働力調査（詳細調査）によって、正規・非正規別の労働者数の変化を示したものである。正規労働者は1998年まではある程度増加するが、その後は減少、あるいはもちあいとなり、2011年に最低を記録する。2016年以降はわずかに増加するが、2019年現在、1998年水準を回復していない。一方、非正規労働者は、派遣切りなどがあったリーマンショック後の景気後退期であった2008年、2009年に減少したほかは、一貫して増加している。この結果、1990年に20％であった非正規労働者の比率は、2000年段階で25％、2003年に30％と急速に増大し、2018年には38％強となった。

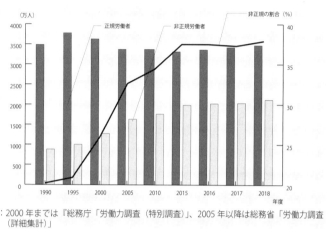

(万人)

正規労働者　　非正規労働者　　　　非正規の割合 (%)

出所：2000 年までは『総務庁「労働力調査（特別調査）」、2005 年以降は総務省「労働力調査（詳細集計）」

　1997 年 5 ～ 6 月に実施された総理府の「国民生活に関する世論調査」では、今後の生活の見通しについて「良くなっていく」とした比率は 12.7％と、最低新記録となり、「悪くなっていく」とする比率は 21.8％で、2 割を超えたのは 1980 年以来 18 年ぶりのことであった。多くの人びとが将来への不安感をはっきり示していた。労働組合の枠のなかだけでは、日本の労働者全体の貧困化を食いとめることができないという現実がこれ以降の時期に示されていく。

　社会構造の変化もまた進展していた。1 つは女性の就業分野への進出である。家計調査によると、家計の実収入が最大であった 1997 年から 2017 年までの 20 年間に、世帯主の勤め先収入は約 6 万 7000 円減少したが、配偶者（女性の場合）の収入は約 8000 円増加した。家計に占める比率は 11％を超え、多くの世帯で、女性の稼得収入なしには暮らしがなりたたない状態が生まれていた。1960 年代、1970 年代にはこの比率は 5％未満であったから、日本の労働者の生活様式が男性 1 人稼ぎモデルから、2 人稼ぎモデルまでは至らないにしても、1.5 人稼ぎモデルといえるまでには変化していた。ただ、男性と女性のあいだの就業率の差が大幅に縮小したわけではなかった。15 ～ 64

歳層でみると、男女雇用機会均等法成立直後の 1986 年に男性 80.7％、女性 53.1％だったものが、1997 年 82.4％と 57.5％となり、比率のうえでは女性もかなりの伸びを示したものの、男女の就業率の差はいぜんとして 25％ポイント以上あった。女性のなかのパート比率は、年々増大していた。男女平等の観点からも、労働者生活の実情からも、女性の働き方改革が求められていた。

　高齢化もさらに進展していた。65 歳以上人口の比率は、1995 年の国勢調査で 14.6％と定義上、高齢化社会から高齢社会に突入していた。10 年後には 20％を超えて、超高齢社会に突入することが確実視されていた。1997 年の平均寿命（0 歳の平均余命）は男性 77.19 歳、女性 83.82 歳で、1965 年よりほぼ 10 歳増加していた。当時、労働組合の努力もあって、企業の定年年齢は 60 歳が一般化していた。その 60 歳時点での平均余命は男性の場合で 20.28 年に達していた。退職後のこの期間の生活を維持していくための年金制度のあり方はあらためて大きな課題となっていた。

　さらに、高齢期には、すべての人が自立的な生活ができるというわけではなく、さまざまなかたちでの医療や介助が必要となる。これまでは、家族、とくに家族のなかの女性に依存していた介助の家族型の仕組みでは、対応できない状態も生まれてくる。女性の就業が拡大すればこの状態はいっそう進展する。ここでは高齢化に対応するためにどのような社会システムを構築するかが問われることになる。

　一方で、このような社会システムを構築する責任を負う国は、財政悪化という大きな問題に直面していた。1975 年、三木内閣のもとで、特例国債の名のもとに赤字国債の発行が認められるようになって以降、連年その発行が続き、国家財政の国債依存率は年々増加した。バブルの崩壊以降その水準は急激に増加し、1997 年には、政府の債務残高は GDP の 100％を突破した。EU では、各国の政府債務残高を GDP の 60％に設定していることをみても、日本の政府債務は異常な水準にあった。

このような異常な債務残高となったのは、政府の収入面では、景気後退にともなう企業収益の低下と法人利益に対する減税の双方が作用した法人税収入の減少、所得減税による所得税の減収が大きく影響しているとされた。それより大きかったのは、支出の拡大で、国の公共投資が、バブル崩壊後の度重なる経済対策実施のため増加したこと、高齢化により増大する社会保障費用（公的年金支払いや医療費）を賄うための社会保障基金への支払い、旧国鉄の債務の継承や住専処理・破綻金融機関の処理にともなう預金保険機構への資金援助などのためだとされた。

　とくに政府やマスメディアが喧伝したのは、医療費の増大を含む社会保障費用の増大であったが、この段階ではまだ、年金は年間でみて収入の方が支出より多かった。

　1997年時点では、一方では、社会環境の変化に対応する社会システムの改革を迫られており、他方では、政府財政の悪化に対処しなければならないということになり、前者を重視すれば、赤字財政はさらに拡大する可能性があり、後者を重視すれば、国民生活が大きく脅かされるという、政策上の分岐点に直面していた。

◇国民負担の強化と連合の政策・制度闘争

　分岐する2つの道筋のうち、橋本内閣が選択したのは、財政再建を重視することで、その内容は国民負担の強化であった。橋本内閣は、財政構造改革法を制定し、期限を設けて消費税率の2％引き上げ・所得税の特別減税の打ち切り・医療費の自己負担の引き上げを行い（総額9兆円程度の国民負担の増加が見込まれた）、財政赤字を縮小させようとした。

　1997年1月20日に召集された通常国会には、男女雇用機会均等法の改正のほか、各種の法案がだされたが、その多くは規制緩和を内容としていた。

　こうした状況をまえに、1996年12月の連合中央闘争委員会は、

賃上げ方針とともに政策・制度の重点も決めていた。その内容は、①2兆円減税実現、不公平税制に向けた取り組み、②行政改革の取り組み、③男女雇用機会均等法改正に向けた取り組み、④医療保険制度改正に向けた取り組み、⑤介護保険法案の成立に向けた取り組み、⑤企業年金制度改正に向けた取り組み、の5項目だった。このうち、②では、政府策定の規制緩和推進計画の確実な実行と社会的規制の実効性強化とあり、経済的規制と社会的規制の関係についての危惧は方針では示されておらず、規制緩和の推進が基軸として表現されていた。介護保険法については、この方針では、以前みられた消極論から積極論に変わっていた。

　1997年の春闘における賃上げ闘争とともに推進された政策・制度闘争のなかで連合がもっとも重視したのは、男女雇用機会均等法改正とともに、2兆円の特別減税の継続実施と医療費負担増の凍結だった。ここでの特別減税というのは、バブル後の不況対策として1994年、細川内閣期に連合などの強い要求にもとづいて所得税について実施されたもので、当初は1年度限りの臨時的な措置とされたが、1995年度、1996年度にも継続されていた。財政再建を重視した橋本内閣では、これを廃止しようとしていた。この措置は、前年度に比較すると所得税の増税となり、1997年4月に実施が予定されている消費税の3％から5％への増税と合わせて二重の負担増を課すものだった。この二つが重なれば、消費需要の減退が発生し、経済成長に大きな影響を与えてしまうというのが、連合の主張の根拠だった。実際にこのことは、この年の後半以降に実現してしまうことになる。

　ただ、特別減税で利益を受けるのは課税世帯で、より貧困な非課税世帯についてはこの措置で救済されないのではないか、という批判もあった。この批判の背景には、1990年代後半以降の所得減税は、民間連合の要求もあって、課税の対象となる労働者層も利益を享受したが、同時にネオ・リベラリズムの影響もあって最高税率が

最大70％から50％に引き下げられるなど、累進度合いが高所得者層により有利になっていたという事情もあった。連合は、1997年の段階では、税制の内容としては、総合累進課税の強化を主張するにとどまった。

1997年春闘の前半では、連合は、くりかえし、規模の大きい政策・制度要求をかかげた行動を展開した。2月17〜19日と24〜28日、2兆円減税継続、医療費負担増凍結、医療制度改革実現のスローガンをかかげた国会前座り込み行動が展開された。このなかの2月26日には東京・日比谷野外音楽堂で「怒りの総決起集会」が開かれたのち、デモと国会請願が展開された。この行動には、地方連合会も参加した。たとえば、近畿ブロックは、減税列車という名で貸し切り列車を運行し、連合山形や連合石川は減税バスで参加した。各政党に対しても連合の代表がそれぞれ申し入れを行った。

国会の方はこうした連合の要求を受けとめる力をもっていなかった。当時、国会は1強6弱と評される状況となっていた。通常国会の開会時には、衆議院では、無所属議員や他党からの離党者を吸収して、最終的にはつぎの臨時国会がはじまる9月には自民党が議席の過半数を確保するようになっていた。参議院ではまだ過半数にとどかない状態が続いたが、社民党とさきがけは閣外協力の立場にあり、新進党、民主党、新進党から分離していた太陽党は是々非々の立場にたっており、共産党以外は全面的に野党的な立場で活動する状態ではなかった。こうした非自民各党の弱体状態は共産党を利することになり、1997年7月に行われた東京都議会議員選挙では議席を倍増させて、都議会第2党となった。この選挙では民主党は12人が当選したが、社民党は1、新進党はゼロと惨敗した。新進党は地方政党としての公明に支援を受けられるはずだったが、実際にはその支援はなかった。

通常国会では、共産党以外の非自民各党のあいだで、予算案や各法案についての意見が食い違い、バラバラの状態だった。新進党、

民主党、太陽党のあいだでは、予算修正のための協議も行われたが、けっきょくまとまらなかった。こうした結果、消費税の5％への引き上げ、特別減税の打ち切り、医療・教育費の引き上げなど9兆円の国民負担の増大を含む新年度予算は1997年3月中に無修正で成立した。消費税の増税はそのすぐあと、4月1日に実施された。

　おなじ4月1日には、さきの労働基準法の改正による週40時間制が、中小企業に認められてきた猶予期間が終了することで、完全実施の段階にはいった。ただ、中小企業に猶予期間を認めてきた労働時間短縮促進臨時措置法は2001年3月まで延長された。そのさい、付則で国は2年間のあいだきめ細かい指導・援助を行うとする指導期間が設定された。罰則の適用などの強硬措置はしないという含みをもっていた。週40時間制の完全実施はあいまいな部分を残してスタートした。

◇持株会社、医療保険、介護保険、そして行政改革

　またおなじ時期、有料職業紹介の拡大が行われた。これは、法律の改正をともなわないまま、職業安定法の施行規則の改正というかたちで行われたものであった。職業紹介については、第二次大戦後は基本的に公的な職業安定所がほぼ独占していた。ほかには学校などに無料職業紹介の機能があたえられたほか、医師、看護婦、家政婦など29業種にのみ有料職業紹介が認められていた。有料職業紹介については、経済団体などから業種の拡大を求める声が強まり、中央職業安定審議会の建議をへて、規則の改正となった。規則の改正といっても内容は質的な転換を含んでおり、対象業務は原則自由となり、港湾運送業務、建設関連職種など、有料職業紹介を禁止する職種の方が列記されることとなった。従来はいわゆるポジティブリストだったが、新しい規則ではネガティブリストとよばれるものとなった。その手法はその後、労働者派遣事業法にも適用されることとなる。

裁量労働制の改正経緯

	専門業務型裁量労働制	企画業務型裁量労働制
1987年	労働基準法改正	
1988年	○専門業務型裁量労働制の創設 　通達により次の5業務を提示 ・新商品または新技術の研究開発、情報処理システムの分析又は設計、記事の取材又は編集、デザイナー、プロデューサー又はディレクターの業務	
1994年	労働基準法改正	
1997年	○通達により例示していた対象業務を労働省令で特定 ○専門型裁量労働制の対象業務の拡大（6業務） ・コピーライター、公認会計士、弁護士、一級建築士、不動産鑑定士、弁理士の業務	
1998年		労働基準法改正
2000年		○企画業務型裁量労働制の創設 ＊「事業の運営に関する事項についての企画、立案、調査及び分析の業務」
2002年	○専門型裁量労働制の対象業務の拡大（7業務） ・システムコンサルタント、インテリアコーディネーター、ゲーム用ソフトウェアの創作、証券アナリスト、金融工学等の知識を用いて行う金融商品の開発、二級建築士及び木造建築士、中小企業診断士の業務	
2003年	労働基準法改正	
	○専門業務型裁量労働制について、健康・福祉確保措置、苦情処理措置の導入 ○専門型裁量労働制の対象業務の拡大（1業務） ・学校教育法（昭和22年法律第26号）に規定する大学における教授研究の業務（主として研究に従事するものに限る。）	○企画業務型裁量労働制を実施することができる事業場要件の緩和 ○企画業務型裁量労働制について、労使委員会の議決要件の緩和 ・労使委員会が行う決議について全員から5分の4以上の多数によるものとした。 ・労働者を代表する委員についてあらためて事業場の労働者の過半数の信任を得ることとする要件を廃止した ・労使委員会の設置届け出を廃止した。 ・定期報告を行う事項を労働者の労働時間の状況及び健康福祉確保措置の実施状況に限ることとした。

　おなじく施行規則の改正というかたちをとって行われたのは、労働者派遣法だった。ここでは、派遣対象となる業種が拡大され、派遣の要件や手続きも緩和された。これはのちにくる労働者派遣事業のネガティブ化への第一歩だった。

　労働基準法上の裁量労働制と有期雇用契約についても拡大した。裁量労働制は、従来 5 業務のみに許可されていたが、6 業務が追加され、さらに拡大する方向にあった。有期雇用契約は従来 1 年以内で許可されてきたが、5 年以内が許可されるようになった。

　その後の国会では、労働にかかわる規制緩和や国民負担強化を求める法案がつぎつぎと可決成立した。その 1 つは、いわゆる純粋持株会社の解禁だった。自分の事業をもちつつ他社の株式を保有する事業持株会社以外の純粋持株会社は、敗戦後の GHQ による財閥解体というかたちでの民主化の一環として、独占禁止法で禁止されてきた。経済界では、規制緩和の声が大きくなるとともに、その解禁を強く望むようになっていた。1996 年、第 1 次橋本内閣成立のさいの自民、社民、さきがけ 3 党の政策合意では、独占禁止政策に反しない範囲で持株会社を解禁する、としていた。この問題を検討していた公正取引委員会の研究会は、当初、部分解禁の方向を示したが、財界の意を受けて自民党が反発して再検討した結果、1996 年 1 月、公正取引委員会は全面解禁に転じた。政府も独占禁止法改正というかたちで、純粋持株会社の解禁を決めた。

　連合は、純粋持株会社の解禁は労使関係上に大きな影響を与えるという認識をもっていた。この論議がはじまった頃の 1996 年 2 月、この年の春闘方針のなかで、労使関係への影響を踏まえた十分な論議が必要で、国民的議論がないまま純粋持株会社の解禁を強行することには反対する、という態度を決定していた。その理由は、労働法規上使用者の定義に上位企業の事業主などが含まれておらず、実質的な使用者であるかどうかは労働委員会または裁判所の判断をあおがなくてはならない現状のもとで、持株会社が解禁になると、事

業運営の意思決定が実質的に持株会社の方に移り、企業の統合・分離、リストラなどの決定と実施は、従業員の直接所属する企業から離れてしまい、団体交渉や労使協議制の機能が低下してしまう、というものであった。

　かりに部分的にでも解禁する場合には、①持株会社の事業主等を法的に傘下企業労働者の使用者と位置づけ、団体交渉の応諾義務を明らかにする、②傘下企業の分離・統合などにあっては労働条件の不利益変更を禁止し、本人・労働組合との協議・同意事項とする、③傘下企業において労働協約の拡張適用を行う、などを具体的に要求した。

　さらに連合は、経団連と日経連に申し入れを行い、独禁法と労働法制に関する3者共同のスタディ・チームを設置した。委員としては連合から野口敏也総合政策局長、松浦清春総合労働局長ら、経団連からは内田広三専務理事ら、日経連からは成瀬健生専務理事らが参加した。同チームは、1996年4月中に3回の会合をもち、1996年4月に「取りまとめ」を自民、社民、さきがけの3党の関連プロジェクトの座長あて報告した。そのなかでは、子会社の従業員に対して持株会社が使用者責任をもつことなどについての認識は一致したが、労働法制上のとりあつかいについては、労働側が労働組合法等の改正が必要であると主張し、経営側は現行法で妥当な解決をはかれるので労働組合法等の改正は不要であると主張し、その両論が並記された。そのうえで、「取りまとめ」は、政府・与党が対処すべきもの、として政治に責任を転嫁した。

　1997年の通常国会に提出された独占禁止法改正案では、純粋持株会社の解禁だけがとりあげられ、連合が要求したような労働組合法の改正などへの顧慮はまったく行われなかった。同法案は6月18日に成立した。

　健康保険法改正も1997年6月に成立した。その内容は、被用者保険の被保険者本人の一部負担を1割から2割に引き上げる、政府

管掌健保の保険料率を8.2％から8.5％（政府原案は8.6％だったが衆議院段階で与党3党の協議で修正された）に引き上げる、老人医療の自己負担金を引き上げる、というものであった。連合は、負担の増加は、医療制度全般の抜本改革とセットで実施すべきだ、という方針のもとに活動を強化し、議員面会所での請願行動などのほか、地方連合会をつうじて、地元選出の各界議員へのアンケート調査を実施したりもした。最終的には、法案は一部修正されただけで、抜本改革については、与党3党は、法案成立後に早急に検討するとして、国民負担の増大だけを内容とする法案が6月20日に可決成立した。

　このあと抜本的な改革案ということで、厚生省がまとめたプランのなかには、高齢者医療保険の独立などが含まれており、のちに具体化されることになる。この厚生省案について、連合は、負担強化と、国の責任逃れの方策であると批判したが、連合も、政府と同様に、基本方針を「国民医療費の伸びを国民所得の伸びの範囲内とする」ことをかかげていた点では共通していた。高齢化の進展のような社会構造の変化やサービス業を中心とする第2次産業から第3次産業への産業構造の変化からみても、また多くのOECD諸国の医療費の対GDP比率からみても、この基本方針の妥当性については、識者から疑問が出されていた。

　通常国会には、介護保険法案とNPO法案もだされていたが、いずれも継続審議となり、1997年9月29日に召集され、12月12日までの会期で開かれた臨時国会で引き続き審議された。これにさきだって、橋本内閣は、内閣改造を行っていた。この改造では、ロッキード事件で有罪判決をうけた佐藤孝行衆議院議員を総務庁長官・行革担当大臣として入閣させたことから、社民党とさきがけが閣外協力から離脱する動きをみせたが、佐藤大臣は任命の2日後に辞任して、閣外協力は維持されることとなった。

　介護保険法は、従来の措置制度による施設サービス中心から、利

用者とサービス供給者のあいだの契約関係に変更することと、これも従来型の施設サービスから居宅介護サービスに重点を移すことを前提としていた。この費用をまかなうために、65歳以上を第1号被保険者とし、40〜64歳までを第2号被保険者としてそれぞれ保険料を徴収するとしていた。徴収の方法は、第1号については、所得段階別に市町村が決め、年金からの天引きか市町村による普通徴収により、第2号については原則として労使折半で健康保険料に上乗せして徴収するものとなっていた。

ほかにサービスを受けた場合には、1割の利用者負担が課された。給付は、必要な介護を段階ごとに決め、居宅型または施設型の現物給付として行われるが、給付の対象となるかどうか、どのレベルになるかは、市町村の認定によるものとされた。第2号被保険者に対する給付するついては、初老期の認知症など加齢にともなう特定の疾病の場合にのみが対象とされた。介護サービスの供給主体としては、従来の施設サービスのように自治体でなく、NPO（非営利組織）を含む民間事業体が主力となるよう設計されていた。

連合は、介護保険制度が提唱された当初は、負担の増加を警戒し、経済団体とともに慎重な態度をとっていたが、その後、積極論に転換し、早期の法案成立を求めるようになっていた。ただ、介護保険法が成立しても、「保険あって介護なし」という状態となるのを避けるためのサービスの供給システムの構築が不可欠であるとの立場をとっていた。同法は、参議院では1997年12月3日に与党3党と民主党などの賛成により参議院で可決したが、そのさい国の責務のなかに保健医療サービスと福祉サービスの提供体制の整備を追加するという修正を行った。新進党は独自の介護保険法案を提出していたが、これは否決された。衆議院では、12月9日に可決成立した。

参議院での可決の段階で、連合は事務局長談話を発表し、介護保険法の骨格については、おおむね連合の主張に沿うもので評価できると

し、国の責務を追加した修正についても、前進した内容として評価した。ただ40〜64歳層に対するサービスの給付制限、介護労働者の報酬水準、低所得者への配慮など、今後に残された課題も多いとし、とくに「保険あって介護なし」という状態にならないために、政府に対して、新たな介護基盤整備計画を策定するよう求めていた。

　NPO法についても、連合は早期成立を要望して、シンポジウムを開催するなどで、盛り上げをはかったが、この臨時国会でも継続審議となった。

　この臨時国会における市場万能主義の立場にたつ橋本内閣のきわめつきは財政構造改革法を成立させることだった。この法案は、財政構造改革会議がまとめた「財政構造改革の推進方策」にもとづくものだった。財政構造改革会議には芦田会長が連合から参加したが、政府提出の財政構造改革法案が、衆議院を通過し参議院に送られたことに対して、「将来に向かって政策の優先順位の見直しや構造改革のあり方が極めて不徹底、不十分であり」「構造改革の名のもとに社会保障や雇用などの公共サービスの切り下げを招きかねない」とし、今こそ2兆円所得減税の実施こそ景気回復を通じて健全な構造改革に導く道である」とした事務局長談話を発表した。

　「財政構造改革の推進に関する特別措置法案」という名で閣議決定された法案の内容は、①2013年度までに国と地方の財政赤字をGDPの3％以内にする、②2008年度予算の一般歳出を対前年度比マイナスとする、そのため公共投資を対前年度比7％減、政府開発援助を10％減とする、などであった。

　この法案は、その成立以後の12月に行政改革会議がまとめた最終報告ともつながるものであり、この報告は、内閣の機能強化といった基本的な項目のほかに、省庁の縮小・再編成、郵政事業の公社への移管、民間委託の推進、独立行政法人の創設、公務員の定員の削減などを提起していた。これらはのちの小泉内閣のもとで全面的に実施に移されるもので、橋本内閣は実質的に市場万能型＝ネオ・

リベラル型改革の先鞭をつけた。

行政改革会議は、連合から委員として芦田会長が参加した。行政改革会議「最終報告」については、行政のあり方、地方分権の推進については「わずかしか検討が行われておらず、今後に課題が残されている」、また連合は行政改革を「21世紀の日本のあるべき姿を示して生活の安定と質の向上に責任をもつ政府、行政へとその質を改めることが基本である」としてきたが、「今回の最終報告にはこの視点が弱い」とした事務局長談話を発表した。

連合は財政構造改革法の前提として、2兆円減税の復活を強く申しいれ、大衆行動も展開された。与党のうち社民党とさきがけは、この意を受け、2兆円減税の実現につとめたが、橋本首相は所得減税には消極的で、自民党も与党連絡会議で2党の意見を無視し、原案のまま1997年11月27日に成立した。しかし、このときすでに、経済情勢は暗転していた。

2. 経済の暗転と政治の混乱のなかで

◇金融破綻と政策不況

橋本首相本人の本意がどこにあったかにかかわらず、橋本内閣は、ネオ・リベラルの路線、つまり小さな政府・自己責任と労働分野を含む全面的な規制緩和の路線を走りはじめた。しかしそれを迎えた日本の経済は暗転した。

これには、いくつかの要素があった。1つは金融破綻で、平成金融危機ともよばれる事態であった。1997年11月17日に都市銀行の一角である北海道拓殖銀行が破綻し、地方銀行の北洋銀行に営業を譲渡した。その直前の11月3日には、準大手証券の三洋証券が会社更生法の適用を申請していた。つづいては四大証券の一角である山一證券が自主廃業を決めた。銀行では、地方銀行の徳陽シティ銀行が破綻した。すでに前年にはコスモ信用金庫など、中小金融機

関の倒産がいくつかあったが、この年11月には、いっきょに都市
銀行と大手の証券会社を破綻に巻き込むことになった。平成金融危
機は、1998年まで続き、この年には、長期信用銀行と日本債券信
用銀行が破綻した。金融以外では、チェーン・ストアの大手の1つ
ヤオハンが倒産した。

　2つの証券会社の破綻の原因ははっきりしていた。証券会社が手
数料を稼ぐためには、より多くの株などを購入する顧客を見つける
必要がある。新規顧客を見つけ、継続的に顧客としてとどめるため
に、証券会社は大口の顧客に対して、株価が下落した場合の損失補
填とか、法律上は禁止されているが実態的には広く行われていた利
回り保証のかたちで、一般の個人顧客とは異なる優遇を行ってき
た。優遇対象には暴力団関係も含まれていて、国会でも証券会社の
あり方が論議された。

　このような損失補填による証券会社の損失は、株価の下落ととも
に巨額なものとなり、公式の決算には現れない簿外債務の蓄積とな
り、けっきょくは事業の破綻につながった。三洋証券の場合には、
コール市場で日切れの資金を調達していたが、その借入金を返済で
きず、破綻した。拓銀の場合は株ではなくて、不動産だったが、土
地価格の長期にわたる低迷で、不良資産が大幅に増え、これまた破
綻につながった。拓銀の場合、バブル期のはじめには、不動産融資
には慎重だったが、バブルの終盤に手をだすようになり、そのつけ
がこの時期にいっきにふきだした。

　大手証券会社や拓銀には、連合に加盟していたわけではなかったが、
企業別組合は存在した。しかし、倒産した証券会社や銀行の労働組合
が、会社側から破綻の知らせをうけたのは、当日の朝になってからの
ことだった。金融機関の破綻によって多くの失業者が発生した。

　平成金融危機は日本経済に大きな打撃を与えた。破綻までいかな
い銀行なども、資金繰りがつまり、企業などへの貸ししぶり、貸し
はがしがおきて、とくに中小企業などでは設備投資だけでなく運転

資金にも支障が生じた。

　しかしそれだけが問題ではなかった。より大きな構造的な問題は消費需要の低迷だった。賃金上昇がほとんどなく、消費税の増税と特別減税の廃止が重なったためであった。この点では政府が受け入れなかった連合の指摘と提言はまったく正しかった。所得税減税に消極的だった橋本首相も、1997年12月になり、所得税の特別減税の復活を表明しなければならなくなった。同時に、拓銀の破綻により、預金保険機構の資金ショートが発生したため、30兆円の公費をつぎ込むことを決めたが、これは国債の発行でまかなわれ、国債依存からの脱却を唱えた橋本内閣は、その基本姿勢を根本から変更せざるをえなくなった。

　この間、アジア諸国では、アジア通貨危機が進行していたが、アメリカとヨーロッパ諸国の経済はこの年は堅調で、ネオ・リベラルの勝利とうたわれた。しかしヨーロッパでは失業率が高止まりし、アメリカでは正規労働者が非正規労働者におきかえられ、所得格差が急速に拡大するようになっていた。

　ネオ・リベラルの路線にもとづいて規制改革を行えば経済成長が復活するというのが経済界などの主張だった。しかし1997年の実績は、またのちの2001年からの小泉内閣のもとでの規制改革の時期には、このイデオロギーは完全に裏切られた。1997年の経済成長率は0.9％にとどまり、不況とよばれる状態になった。この不況は、消費税の増税、所得税の特別減税の廃止、医療費負担の引き上げなどで消費需要が落ち込むという、橋本内閣の政策の結果であることから、「政策不況」と呼ばれた。

　政治の方も混乱の度を加えた。混乱したのは、さしあたりは自民党以外の各党だった。閣外協力となった2党のうち、さきがけは前回選挙での惨敗の結果、影響力をほとんど失っていた。社民党の方は、沖縄特措法などで閣外協力をやめるという党内意見も強まったが、結果的には閣外協力を続けて、ネオ・リベラル路線に追随して

いた。こうしたなかで、社民党から離党して民主党に入党する国会
議員も増加し、党勢はさらに衰えた。もっとも混乱したのは新進党
だった。新進党は総選挙での議席減などで、小沢一郎党首への不満
が高まっていた。1997 年 12 月に行われた党首選挙では小沢への対
立候補もたてられた。小沢は党首選挙の勝利の直後、反小沢勢力を
一掃するため、解党宣言を行った。この結果、新進党は実に 6 つの
小政党に分解した。すなわち、小沢グループの自由党、旧公明党の
衆議院・参議院のそれぞれの議員による新党平和と黎明クラブ、旧
民社党系の新党友愛、それに小沢の対立候補として擁立された鹿野
道彦衆議院議員グループの国民の声、小沢辰男衆議院議員グループ
の改革クラブとなった。このうち、旧公明党グループはやがて公明
党の復活につながっていく。こうした混乱は、しかし、非自民党政
治勢力の再結集の好機という見方もあった。その展開は、のちのも
のがたりとなる。

◇連合第 5 回大会

　こうした経済と政治の状況のなかで、1997 年 10 月 2 日、連合は
第 5 回大会を開いた。この大会から、女性特別代議員席が設けられ
ていたが、これは連合自体が男女平等を身をもって実践するという
考え方にもとづいていた。この大会には、橋本首相も来賓として出
席した。各政党の党首も来賓としてあいさつしたが、そのなかで、
小沢・新進党党首は「連合は非自民勢力の結集をよびかけている
が、連合の中にも自・社・さの連立政権を支持している人がいる」
と批判した。菅・民主党代表は「自民党の保・保派（自民党・新進
党の連携を重視する方法論）が右手を伸ばし、自・社・さ派が左手を
伸ばして、野党全体に手を伸ばした形をとっていること自体が総与
党化であり、国民の不信を招いている」とし、民主党は健全で完全
な野党として対応していきたい、と述べた。
　大会に提出された運動方針案は前回に引き続き鷲尾事務局長が中

心となって起案されていた。運動方針案は、基本的には、結成大会で採択された「連合の進路」を基調としていたが、重点には変化がみられた。スローガン風にいえば、「連合の進路」は「自由、平等、公正で平和な社会を建設」とされていた。全体としていえば、この大会に提出された方針案のなかでは「公正こそが社会の活力——労働組合の役割発揮——」が中心的なフレーズとなっており、「公正」がより強くうたわれた。

　これにかかわる文章のなかでも、「自由競争による市場の機能を過信して、すべてを市場にゆだねるという考え方は、明らかに誤りである」としていたし、行財政の構造改革についても、「‘公正・公平・平等・参加’を基本理念……を明確にして、透明な市場原理と社会的公正ルールの構築、すなわち、市場の失敗を常に補完・修正しうる社会的枠組みづくりに積極的に取り組む必要がある」としていた。全体として、具体論のなかで、規制緩和について、「社会の質や弱者の存在、公平な社会サービス等に配慮しつつ積極的推進」とあるように、市場や構造改革を否定するわけではないが、公正を保障する社会的フレームが前提として確立されていなければならない、という立場が表明されていた。この大会の冒頭での各党代表あいさつのなかで、土井たか子・社民党党首が新しい方針には「社会民主主義の香りが漂っている」と評価したのもこの部分であった。鷲尾事務局長も、いつも自分は社会民主主義の立場にたっている、ただし社民党のようなものではない、などともらしており、そうした意向がこの方針のなかには示されていた。

　政治活動と政党との関係では、現行選挙制度が予定している二大政党的体制のもとでは、明確に一方の極を担う政党が実現しなければならないとし、その実現に向けてあらゆる側面で協力する、とした。

　活動報告やこの方針案をめぐっては、これまでの大会ではみられなかったような活発な論議が代議員からだされ、討議時間は、予定を1時間半超えた。その主な議論はつぎのようなもので、その多くは、ナ

ショナルセンターとしての連合の指導性にかかわるものであった。

菅井義夫代議員（ゼンセン同盟）：連合はわれわれの要求に的確に応
　　えていないという不満がある。その理由としては、大衆への
　　問いかけや参加が忘れられていることや、地方連合会との関
　　係が一体化していないことなどがあげられる。

田島恵一代議員（全国一般）：労働法制の改悪はルールの問題であ
　　り、連合本部が先頭にたってたたかいを強化してもらいたい。

高嶋良充代議員（自治労）：公共部門の改革を全面的に否定するわ
　　けではないが、政府の 6 大改革には深刻な危惧をもってお
　　り、民営化について国際自由労連の考え方を基本にすえるべ
　　きだ。

宮本忠雄代議員（CSG 連合）：97 春闘では格差が拡大した。格差の
　　構造の解明とその解決に連合としての対応の内容と手順を早
　　急に確立することを求める。

廣川武夫代議員（造船重機労連）：行革の推進では職場、労働形態、
　　身分の移動があるが、そのすべてで労働条件は維持されなけ
　　ればならない。この点で連合本部は構成組織と地方連合会に
　　対して強いリーダーシップを発揮すべきだ。

小谷昌幸代議員（JR 総連）：労働諸法制の改変で年功賃金、終身雇
　　用が崩壊する。中基審でもっとがんばるべきだ。

石井亮一代議員（連合兵庫）：政党との関係でのこれ以上のまたざ
　　きは地方連合会の組織をガタガタにしてしまう。問題の焦点
　　は社民党が自民党と一緒に政権を運営していることだ。この
　　問題への対処を含め、政治統一ができる環境づくりをしても
　　らいたい。

逢見直人代議員（ゼンセン同盟）：時間外、休日、深夜について男女
　　共通規制をつくるとしているが実際には前進していない。こ
　　れは中小・未組織労働者にとって切実な問題である。

小山正樹代議員（金属機械）：（男女共通の時間外労働規制については逢見意見と同じ）　1998春闘は大変きびしいものになる。地域共闘をつくりあげていくことが必要だ。

池田芳江代議員（日教組）：大会での代議員をみると、女性の参画は淋しいかぎりである。女性保護と男女共通規制のあいだに空白期間を作ることは許されない。

前川朋久代議員（近畿ブロック）：連合の政策は国民から見えにくくなっている。地方活動強化のための対策がおりていない。（以下2日目の討議で）過去のしがらみを引きずった支持政党が大切か、連合の統一的な対応が大事なのか。

　そのほか、電力総連からは環境問題について、国公総連からは、行政改革のあり方についてそれぞれ意見がだされた。これに対しては、鷲尾事務局長から、見解の表明があったが、運動方針案の枠を超える説明はなかった。大会では、本部側からの答弁を含めて、運動方針がそのまま採択された。この連合大会では、運動方針に加えて、各分野の構造改革の必要性は認めつつも、規制緩和の流れに沿った労働法制見直しに反対する特別決議が採択された。

　大会論議のあと、新年度の役員選挙が行われた。早い段階では、会長をめぐっては自動車総連の得本輝人会長が立候補の意思を示したこともあったが断念したため、鷲尾事務局長の昇格がほぼ決定していたが、前回大会で鷲尾事務局長に対立候補をたてたJR総連が今度は会長候補として柴田光治委員長を擁立して、連合大会としてははじめての会長選挙となった。選挙の結果は477票対29票で鷲尾新会長が実現した。事務局長には、電力総連の笹森清前会長、会長代行には自治労の榎本庸夫委員長が就任した。

人物紹介　鷲尾悦也 (わしお・えつや)

　1938年、東京都生まれ。両国高校を経て、1962年東京大学経済学部卒業。高校生時代は、新聞部に所属。新聞記事に教職員に好ましくない記事を載せようとしたところストップがかかったため「検閲のため」という断りを入れて、記事部分を白紙で新聞を発行したという逸話を残している。

　大学時代には旅行研究会に所属した。旅行研では、他のメンバーとともに、鉄道の片道最長記録の更新を試み、成功させたりした。卒業後は、八幡製鉄に入社。人事部に所属。八幡は1970年に富士製鉄と合併し、新日本製鉄となるが、入社7年後から組合活動に専従し、新日鉄労連の書記長、委員長、鉄鋼労連書記長、委員長、金属労協議長を歴任した。1993年、連合事務局長となり、山岸、芦田両会長を支えた。1997年、連合会長に就任。連合二一世紀ビジョンの策定などに取り組んだ。2001年退任後には、全労済理事長、社会事業大学理事長などを歴任。

　1981年にスタートした労働組合の中堅、若手役員で構成される勉強会組織である春秋会では初代世話人代表を務めた。

　多彩な趣味人で、カラオケではくろうとはだしと評され、CDを発売している。著書に『共助システムの構築』など。財政制度審議会、税制調査会、経済審議会等で委員を務めた。旭日大授章。2012年死去。

　連合大会にさきだって、1997年7月23日から3日間、全労連が定期大会を行った。大会での論議のなかでは、労働にかんする規制緩和、医療保険など社会保障制度の改悪、地域労働運動の重要性な

175

ど、連合大会の論議で示されたのと同様の課題について意見がでたが、運動方針では、いぜんとして「リストラ容認、'規制緩和' 推進の連合路線は国際的な労働運動からも異質なものとして急速に孤立しつつある」などとし、連合と対抗することで、全労連としての存在意義を発揮しようとしていた。

◇組織面での新しい動き

この時期、複合産別化の動向や、全電力と統一した新しい電力総連の発足（44ページ参照）のほかにも、新しい組織面での動きがおきていた。

もっとも大きなできごとはゼンキン連合と金属機械との統一をめぐる動きだった。総評全国金属と新産別所属の全機金・京滋地評とが合同して金属機械が成立した時点で、ゼンキン連合との統一は視野に入れられていた。1992年に発足した両産別の書記長らによる「統一を話し合う会議」や合同の研修会の開催など、さまざまな動きがあったが、統一への動きが具体的に本格化した最初は、1993年6月、スイスのチューリッヒで開かれたIMF（国際金属労連）の世界大会に、出席したゼンキン連合の服部光朗会長と、金属機械の北裏昌興委員長のあいだで、両産別の統一に向けて話しあいを進めよう、という約束が成立したときだった。2人のトップリーダーを含めて、IMF世界大会に出席したメンバーが意気統合して、リーダーシップを発揮したことで、統一への気運は大きくもりあがっていく。

この気運を促進した経済環境も存在した。その時期には、両組織に加盟する単組では雇用問題が深刻化しており、政策面での対応が不可欠となっていた。自動車総連や電機連合の対政府要請が政府にとりあげられることは多くても、別々の組織をもつ機械金属部門については冷遇されているという思いが、両組織のリーダーにはあった。

1993年から1994年にかけては、「話し合う会」が数多く開かれ、1994年には、「新しい産業別組織の理念・行動理念」がまとめられ

た。その後、両組織の各級の機関で論議が進められ、1996年の両組織の大会で、1999年9月をめどに機械金属分野の統一組織を結成すること、それまでの過渡的な措置として1997年9月をめどに、中央と地方に連合会組織をつくること、が決定された。新しい組織の名称については、両産別の組合員を対象に公募が行われ、753人の応募があり、両産別の中央執行委員会での投票の結果、「JAM」とすることが決定された。JAMのJはJapanese、Aはassociationで、Mには、metal（金属）、machinery（機械）、manufacturing（製造業、モノづくり）の3つの意味が含まれているとされた。

　1997年9月30日、JAM連合会が発足した。会長には服部ゼンキン連合会長、事務局長には大山勝也（前金属機械書記長）が選出された。JAM連合会は発足宣言のなかで、その目的が「中小労組の期待に応え得る社会的公正基準を確立する」であるとし、社会的公正基準の確立、社会正義の徹底、産業民主主義の前進、福祉共済活動の推進の4つを活動の指針とすることを明らかにしていた。中央の連合会の発足ののち、両組織の地方組織の連合会の結成が進み、1997年末までにはほとんどの地方・地域で連合会の結成が完了した。

人物紹介 **服部光朗**（はっとり・みつろう）

　　　　　　1939年、東京都生まれ。1962年、法政大学卒業後、同年4月にヂーゼル機器に入社。翌年よりヂーゼル機器労働組合執行委員に就任し、以降、ヂーゼル機器労働組合書記長、執行委員長、全金同盟埼玉地方金属執行委員長、全金同盟副組合長（のちのゼンキン連合副会長）、連合埼玉会長、ゼンキン連合会長（兼連合副会長）、JAM会長（同）を歴任した。ゼンキン連合会長時代には、強力なリーダーシップを発

揮して、金属機械との合同による JAM の成立を実現した。JAM 会長
退任後は相談役。ヂーゼル機器労組書記長時代には、時間外規制と交
替勤務の導入や組合役員の専従化を行い、全金同盟埼玉金属時代には、
独自の「私的労災補償共済」の設立、公害防止協定の締結や労使会議
の設立を実現するなど、労使のあいだの競争的な労使関係を作り上げ
る、という考え方にもとづいた具体的なプランを現実化する実行力の
あるリーダーとして定評があった。

　JAM 連合会は発足後、1998 年、1999 年には、春季生活闘争方針、
労働基準法改正・雇用均等法改正・年金制度改定への対応、それに
ものづくり基盤再構築や大企業とサプライヤーである中小企業との
関係を規制する公正取引確立の課題などにとりくんだ。その間、両
組織は完全統一準備委員会を発足させ、統合への準備を進め、1998
年に「合併に関する協定書」に調印したのち、1999 年 9 月 9 日、
JAM 連合会から移行する新しい産業別組織としての JAM が発足し
た。初代会長には服部光朗が選出された。

　化学関係の労働組合は、連合への加盟状況だけでも、当初、全化
同盟、合化労連、化学総連、新化学、化労研の 5 産別があり、その
動きは複雑だった。この 5 産別は、1993 年に化学連合（日本化学産
業労働組合連合）という協議組織をつくっていたが、実質的な活動
はなかった。化学連合に参加していた 5 産別のうち全化同盟は、既
述のように、1996 年に一般同盟と合同し、CSG 連合を結成してい
た。これ以外にも、ゼンセン同盟には、化学繊維会社から実質を化
学一般に変えていた諸企業の労働組合も加盟していた。また、連合
外には、合化労連の連合加盟に反対したことで、除名処分を受けた
グループが結集した全国化学もあった。全国化学は、当初の方針を
変え、1995 年に連合に加盟していた。連合は、化学分野の統一を
望み、各産別に対しては統合にむけての努力を行うよう要請してい
たが、遅々として進行しなかった。

　そのなかで、1997 年段階で進行したのが化学リーグ 21（化学産業労働組合連盟）の結成だった。この組織の実質は、合化労連と合化労連から除名された労働組合グループの和解・再統合という意味をもっていた。合化労連と全国化学との統合の協議の過程で 5 月、合化労連側は「除名措置は遺憾であった」と表明し、全国化学側は「過去は過去として整理する」として、和解が成立した。その後の協議では、連合への加盟単位と地方組織のあり方をめぐって対立があったが、単一組織ができるまでは形式的には単一組織、実質的には 2 つの事務所というかたちで新組織を発足させることで合意し、1997 年 10 月 1 日にまず両組織の統一準備会的性格をもつ化学リーグ 21 の発足総会を開催した。会長には、鈴木修合化労連委員長、事務局長には山根昭昶合化労連書記長が選出された。

　両組織のあいだではさらに協議が進められ、最終的には 1998 年 10 月 1 日、単一の産別組織としての化学リーグ 21 の結成大会が行われた。化学リーグ 21 は、合化労連の組織を継承するが 1950 年以来継続してきた名称は消滅した。全国化学は解散し、化学リーグ 21 に吸収されるかたちをとった。化学リーグ 21 の初代委員長には加藤勝敏・合化労連委員長、書記長には椙山修・合化労連書記長が選出された。なおこの協議の過程では、全日塗（全日本塗料労働組合協議会）も協議に参加したが、単一組織にはくわわらず、化学リーグ 21 連合というかたちで産別組織の一環を形成することとなった。全日塗は、連合にオブザーバー加盟していたが、化学リーグ 21 連合が連合加盟単位となることで、正式加盟となった。

　化学リーグ 21 連合の結成は、3 つの産別をこえて、化学産業の大きな産業別組織として結集するという狙いももっていた。大きな統一の場としては化学連合が想定されていたが、化学分野の大手企業労組の集まりである化学総連は、1997 年 9 月の定期大会で、化学連合が活動領域をひろげて既存の産別の領域をおかすことや連合加盟を一本化することには消極的な意向を示していた。化学分野の労働組合のより

さらに大きな結集やその変動はまた別のものがたりとなる。

損害保険や医療保険を業とする企業の労働組合で構成されていた損保労連（損害保険従業員組合連合会）では、連合加盟をめぐって組織問題が発生した。損害保険の分野では、損保労連と全損保（全日本損害保険労働組合）の2つの産別組織があり、主要な企業の労働組合はいずれかの組織に加入して、1980年代までは、2組織の組合員数は拮抗していた。両組織はともにいずれのナショナルセンターにも加盟していなかった。損保労連は、1992年頃から、産業政策の推進などをはかるために、連合加盟を志向するようになり、1995年には、正式に連合加盟の方向を決めた。ただこのときの方針では、地方連合会には参加しない、選挙協力などの政治活動は行わない、ともしていた。損保労連は、この方針にもとづき、1996年3月に臨時大会を開き、連合加盟を決定した。ただこのとき、安田火災労組と安田損害調査労組は、加盟論議で全単組が一致できるまで決定を延期すべきだと主張して、賛成しなかった。

損保労連は、大会決定に沿って、1997年3月、連合への加盟手続きを行った。これに対して安田の両労組は労連を脱退した。損保労連は、両労組の背景に安田火災の経営側の意向が強く反映しているとみていた。損保労連は、連合にも働きかけ、連合は1997年2月「連合は、安田火災海上保険の経営者が連合加盟に反対し、組合側に不当な圧力を加えたと確信している」との抗議声明を事務局長名で発表した。加盟申請後に損保労連が行った中央委員会に出席した連合の芦田会長は、「不当労働行為として労働委員会に提訴するのも1つの方法であるが、できるだけ早く戻ってくるようにすることに期待する」とあいさつした。その後両労組は、組織内で労連への復帰の意向が強まり、9月に労連大会に出席した両労組の委員長が、「組合員の信頼を損ねたことを深くお詫びする」などと謝罪を表明、労連側も翌1998年3月に開いた中央委員会で、再加盟というかたちで復帰を認めた。なお、損保業界の2つの組合の関係で

は、全損保の組合員数が激減し、損保労連が圧倒的多数を占めるようになった。

　地域組織にも変化があらわれていた。1997年12月23日に連合東京が結成した地域ユニオンがそれだった。かつて労働4団体時代に、総評系の県評・地評は、どの産別組織にも加入しない、主として中小企業の分野の労働組合を直轄組合として保有していた。連合が成立して、労働組合の加入単位としては産別を原則とするようになり、またこの原則は強力な統制力をもって機能していたから、かつてのような地域組織の直轄組合は認められず、また存在しなかった。

　労働相談を大きな活動手段としてきた地方連合会では、相談のうち企業と交渉して解決すべき課題がある場合、相談者をどこかの組合に所属させなければならないが、産別組織への加入というルートがうまく機能しない場合がある。連合東京は、そのような場合に、個人または職場単位で加入できる地域の組合を直轄の組合にいったん組織化することとしたのであった。これは連合の組織原則を逸脱するものであったが、連合本部も産別へ移管するまでの過渡的な措置として、このようなかたちでの地域組織を事実上認めることとした。こうした地域ユニオンは、これ以降、地方連合会に広く存在するようになり、東京ではスタート時点で約300人が組織化され、のちには1000人を超える組合員を数えるようになった。

　地域ユニオンのもう1つの特徴は、電話相談が土台にあっただけに、賃金・労働時間など労働にかかわる全般的な問題をただちにとりあげるのではなく、個別の労働者の個別の問題を解決することからはじめ、組織化につなげるように計画されたことであった。

　なお、電話相談は、未組織の労働者にかかわる労働運動のかたちとして、1995年頃から大きく定着してきた。連合が地方連合会をつうじて行っている相談の件数は、全国で年間約15000件程度であった。さらに連合は1997年に新たに「働く女性の相談ダイヤル」を開設した。電話相談は、連合以外でも、コミュニティ・ユニオン首

都圏ネットワーク（パート非常勤一言ホットライン）、東京管理職ユニオンと女性ユニオンの共催（職場のいじめ 110 番）、日本労働弁護団（全国一斉雇用調整ホットライン）などで開設され、全労連系では日本医労連と社会保障協議会とが共同して介護一一〇番を開設したりした。経営状況の悪化のなかで、不当に解雇されたり、やめさせることを目的としたいやがらせ・ハラスメントが増加していたために、相談件数は多数にのぼった。1 カ月間実施された管理職ユニオンと女性ユニオンの共催ではその間の相談件数は 600 件となった。

　電話相談のなかでは女性・非正規労働者からのものが多数を占めた。労働弁護団が開いた窓口には 425 件の相談があったが、そのうち解雇や退職強要の相談が 195 件あった。ただ、相談活動は、時間と人手がかかることから、多くの場合、一定の期間に限定して行われるのがふつうだった。期間を設けず、いつでもどのような相談に応ずるシステムをもっていたのは連合・地方連合会のみであった。

　労働者自主福祉事業の分野でも、組織面で新しい試みが行われはじめていた。労働金庫は、1997 年 5 月の総会で、「ろうきん・21 世紀への改革とビジョン」を決定したが、そのなかでは、「原則として一都道府県を地区として設立されている労働金庫の合併を進め、単一の‘日本労働金庫（仮称）’を創設すること」をうたった。労働金庫の合併はまた別のものがたりとなる。

　連合と全労連との関係にも多少の変化が現れた。連合の成立以降、全労連は、連合批判にその存在価値を見出すことに主力を注ぎ、既述のように両組織の幹部間では、少なくとも公式には、全労連が連合批判にその存在価値をもったこともあり、労働委員会の選出や ILO 代表問題をめぐる両組織の事務局長間の非公式な接触以外には交流はなかった。1997 年になると、3 月に、鷲尾事務局長と熊谷事務局長のあいだで、減税、医療、ILO 総会、中労委問題など幅広いテーマで懇談が行われ、11 月には同様のテーマで笹森事務局長と熊谷事務局長とのあいだで懇談が行われた。11 月の労働法

制見直しに反対する活動のなかでは、11 月 10 日の労働省前すわり
こみで、連合と全労連のあいだで集会時間の打ち合わせが成立し、
実行された。27 日には、全労協と派遣ネットが主催する集会で、
連合、全労連、全労協の 3 者が連帯のあいさつを行った。このよう
な交流・接触はその後、リーマンショックまでとだえた。

コラム　連合なんでも労働相談

　1990 年 1 月 22 日　連合は中小企業・パート労働者のための「なん
でも相談ダイヤル」を開設した。

　この電話番号は、「中小・未組織企業に働く労働者の声を聴き、活動
に反映する」ことを目的に、中小労働対策局に設置され、マスコミ報
道も手伝って当初の想定以上の反響を呼んだ。

　1993 年（1993 春季生活闘争のなかで）「連合なんでも相談ダイヤル」
と名づけられた 。

　1994 年（1994 春季生活闘争）　中小全国キャンペーン「相談ダイヤル」
のかたちで実施された。

　1998 年 5 月　地方連合会自動転送方式（電話をかけた都道府県の地方
連合会につながる。※現在は地域をより細分化）の全国共通フリーダイヤ
ルが導入された（0120-154-052「いこうよれんごうに」）。

連合労働相談の件数推移

年	2004	2005	2006	2007	2008	2009	2010	2011
	5,382	5,947	6,850	7,093	10,631	10,767	17,257	16,436
年	2012	2013	2014	2015	2016	2017	2018	2019
	16,492	16,073	15,659	16,446	15,113	14,928	14,997	15,260

　労働相談の内容は、雇用関係、賃金関係、労働時間関係、社会／労
働保険・税関係が上位を占めているが、その後、派遣切り、内定取り
消し、メンタルヘルス、ハラスメントの問題が増加傾向にある。

◇ 1998 年春闘に向けて

　連合大会が終ると、1998 年春闘の前哨戦がはじまった。その出発点として、1997 年 10 月 28 日には「2 兆円減税・景気回復実現緊急集会」が開かれた。12 月 2 日にも、「2 兆円減税・景気回復の実現、権利拡充の労働法実現・基準緩和の阻止」をテーマとした連合要求実現中央集会が開かれた。

　しかし、春闘の仕組みには、前年までとは異なった内容が現れていた。鉄鋼労連は、1997 年 9 月に開いた定期大会で、一般には「隔年春闘」とか複数年協約方式とかよばれる新しい春闘方式を決定した。鉄鋼労連の運動方針上の用語でいえば、「2 年サイクルの運動パターン」であり、2 年間にわたる論議の結論であった。その目的は、「運動エネルギーを最適・効果的にはかっていく」ことにあるとされた。具体的には、春季闘争を、「総合労働条件改定年度」と「個別労働条件改定年度」とにわけ、この 2 つを春闘の時期に交互に展開していく、とされた。このうち、総合労働条件というのは、賃金・労働時間などの基本的な労働条件のことで、従来は春闘の結果は 1 年間の協定だったものを 2 年とするとしていた。個別的労働条件というのは、一時金と、業種別・関連事業別に独自の労働条件改善を意味し、格差是正などをはかるというものであった。

　先進各国の賃金闘争では、日本の春闘のように毎年闘争を行うという慣例はほとんどない。たとえば、イタリアでは 3 年協定がふつうであり、ただその間、物価上昇があった場合に備えて、スライド協定が結ばれた時期もあった。日本では、春闘が開始された 1950 年代のなかばには、毎年高い物価上昇があったことが、毎年の賃上げ攻勢の要因の 1 つだった。景気の低迷もあって、物価上昇率がゼロに近い時期が長くつづいたこの時期、毎年春闘を展開するにしても、賃金にかんして複数年協定を結び、他の年には、格差是正とか、政策・制度上の課題に集中するという構想は、十分ありえた。しかし、連合も、鉄鋼労連以外の産別も電機連合などで一部議論さ

れた以外は、この構想には冷淡で、拡がりはみせなかった。1997年10月30〜31日に、構成組織代表と地方連合会代表らが集まって開かれた連合の98春季生活闘争中央討論集会で、笹森事務局長は、春闘終焉論などが流布されている現状についてふれ、「43年の長い歴史を持つ春闘は修正を迫られている」と述べたが、同時に現在行われている論議でも、「結論はでていない」とも述べていた。

　連合は、1997年11月の中央委員会で、98春季闘争方針案を決定した。方針のうち賃上げの部分では、前年に引き続き賃金額の絶対水準を示す個別賃金方式を基本とするとして、要求目標として高卒35歳、勤続17年の標準労働者で9300円引き上げ、32万6000円とする、平均要求で行う場合は、ベースアップ分8900円（定期昇給込み1万5000円）を中心とする、としていた。また時短に関しては、活動の再構築を行うとして、改めて2000年度までに年間総労働時間1800時間をめざす、とした。政策・制度面では、2兆円所得税減税、景気回復実現と労働法の基準緩和阻止が中心的なスローガンとされた。2兆円減税があらためてかかげられたのは、1997年補正予算で、1兆8000億円にのぼる金融機関への安定化資金の公金支出とともに復活した2兆円の1年ごとの特別減税が、12月の自民党の税制調査会では新年度予算には盛りこまれなかったためである。一方で自民党の緊急国民経済対策では、地価税の廃止や法人税の減税を決めていた。この項の冒頭の2つの集会にはこのような情勢が反映していた。

　1998年に入って、1月13日、日経連の臨時総会は「危機からの脱出、第三の道を求めて」とする副題がついた労問研報告を承認した。ここでは、この年の春闘での労使交渉に臨む経営者側の基本的態度として、わが国の人件費コストは世界のトップ水準にあり、また国民経済レベルの生産性の伸びはここ数年ほとんど見込めないので、マクロレベルでみるかぎり、賃金を引き上げる余地はない、として、例年にもまして強いベアゼロ論をうちだした。同時に、労問

研報告は、各企業は、賃金だけでなく、福利厚生費などもすべて含めた総額人件費を生産性基準で対処すべきだ、ともしていた。生活改善の重点は、住宅費、教育費、公共料金の内外格差の解消におかれるべきだ、と述べていた。

翌14日、連合は中央闘争委員会を開いて、労問研報告は景気低迷の原因が消費需要の停滞に原因があることを無視している、日本企業の強みは企業が安定的な環境のもとで実施してきた人的資源投資にある、などの反論を決めた。反論のなかでは、「公正なルールを忘れた'市場原理'の貫徹は、社会の危機をもたらす」とも述べていた。委員会はまた春闘のヤマ場について、3月18〜26日を切れ目のない大きなヤマ場ゾーンとすることも決めた。

2月から3月にかけて、賃上げと労働基準法改正問題を中心とする政策制度課題を両輪とする各種の集会や行動が例年にない規模で積み重ねられた。3月7日には、全国中央行動総決起集会が行われ、構成組織から1万5000人の組合員が結集した。

集中回答日を翌日に控えた3月17日、伊吹文明労相が、閣議後の記者会見でこの年の春闘について、市場経済の原理にあわずむりに引き上げれば雇用を失う、と述べたあと「護送船団的な賃金決定のあり方は市場経済に反する」と語った。これに対しては、3月25日、連合・鷲尾会長と笹森事務局長が、伊吹労相と会談し、「労働者の統一闘争を揶揄することは労働運動を否定することにつながる」と抗議の申し入れを行った。伊吹労相はさまざまな釈明を行い、はっきりした謝罪は行わなかったが、予算委員会の総括質疑のなかで橋本首相が労働者の団結権を明確に認める発言をしたこともあって、連合側は追及を打ち切った。

3月18日、金属労協の集中回答では、自動車総連大手12組合7100〜8900円、電機連合・17中闘組合・標労・定昇＋一律1500円、鉄鋼労連・ベア1500円などで、隔年春闘初年度の鉄鋼労連を除くと、いずれも前年を下回った。このあと「切れ目のないヤマ

場」の週とされた3月26日までに、私鉄総連、金属機械、交通労連などの一部の組合がストライキも行ったが、前年比マイナスという大勢はくつがえらなかった。労働省の集計では、この年の春闘の妥結水準は、額で8323円、率で2.66％で、前年と比較すると、604円、0.45％ポイントのマイナスだった。連合が6月の中央委員会で決定した「98春季生活闘争のまとめ」では、「実質賃金確保にも至らなかった」とした。

しかし、1998年春闘の賃上げでも平均的な数値だけでは語れない、いくつかの大きな問題を残した。まず、連合の賃上げ集計では、大企業と中小企業とのあいだの賃上げ格差はさらに拡大した。標労方式や率ではなく額での要求・妥結という連合方針は格差の縮小という狙いをもっていたが、この時点では、不発に終った。また、平均では、ベア分があったが、企業別にみると、ベアゼロの企業が急激に増えていた。たとえば、規制緩和による格安航空会社の認可などで競争が激化し、人員削減が行われていた航空機業界の日航、全日空、日本エアシステムの3社はいずれもベアゼロだった。近畿日本ツーリストや日本旅行も同様だった。日本鋼管ライトスチールでは2年協定で1999年もベアゼロとなった。一部の企業では、定期昇給もカットされた。さらに一時金の月数の減少というかたちで、年収が低下した企業が少なくなかった。

賃金と比較すると、この年の春闘では、労働時間の短縮では成果をあげた労働組合が多かった。鉄鋼では大手5社で休日1日増、トヨタやダイハツでは1日10分の短縮を確保したほか、機械金属、運輸、ゴム、電機などの中堅・中小では、休日増、時間外割り増し率の増加などを確保したところも少なくなかった。しかし、労働時間には別の問題もあった。不況の進展のなかで、時間外労働が減少し、その結果、時間外手当が減少することで、年収の低下が発生する企業も多くなっていた。さらに雇用面では、学卒新規採用の停止、希望退職などによって正規労働者が減少するかわりに、パート

など非正規労働者が増加し、このことによっても全般的な賃金低下がおきていた。

1998年春闘後の段階では、各企業をめぐる経営状況の悪化とともに、春闘結果では示されない各種の賃金切り下げが進行し、家計調査が明確に示しているように、労働者家計の貧困化が進行し始めていた（152ページ以下参照）。同時に、このような状況は、平均的な賃上げが、いいかえれば賃上げ相場が、必ずしも各産業・企業に波及しないということともつながっていた。「横並び」の賃上げを拒否する日経連の主張が、少なくとも一部では、はっきりと実現する傾向が示されていた。その意味での春闘の危機が1998年春闘には姿をあらわしていた。

◇新民主党の成立

1998年春闘が展開された時期、通常国会が開かれ、1998年度予算の審議などが行われた。橋本内閣は、この国会で、構造改革による財政再建方針から景気刺激策に転じていた。年度予算案が成立したあとすぐに、特別減税を含む財政による景気刺激策を補正予算として編成したのもそのためだった。

この会期のあいだに、政党関係に重要な変化がおきた。前年末に、新進党が解党して6つの新党が形成されたのを機に、野党の結集気運が高まり、まず、1998年1月8日、民主党、新党友愛、民政党、民改連など6党により院内統一会派・民友連が結成された。民友連参加各党は、協議をつづけ、1998年4月27日に、民主党というかたちで統一した党が発足した。この党は、それまであった民主党と区別するために結成当初は新民主党とよばれた。小沢一郎を代表とする自由党と旧公明党系の2党はこれに参加しなかった。新民主党の結成にあたって、党の基本理念の検討が行われた。枝野幸男衆議院議員ら旧民主党グループは中道左派を標榜することを主張したが、岡田克也衆議院議員ら民政党グループがこれに反対し保守

　中道を主張した。論議の結果、民主中道ということで落ち着き、ま
た中心的な課題を自民党に対抗する二大政党の一角を形成すること
においた。初代党首には菅直人衆議院議員が選出された。民主党は
衆参両院で 131 人の国会議員を擁し、自民党と対抗する野党第一党
としての位置を獲得した。

　二大政党的体制の確立を基本としていた連合は、民主党の成立を
歓迎した。同党の結党まえの 1998 年 3 月 10 日の三役会議では新党
と支持・協力の関係をもつことを確認した。4 月 16 日の中央執行
委員会では、この年に行われる参議院選挙では、新民主党を全面的
に支援して闘う方針を決定した。自民党はこうした動きに対して、
春闘後の政労会談を中止したり、労働組合法の改定で組合費のチェ
ックオフの禁止をうちだしたりしたが、連合の態度は変わらず、社
民党に対しても、閣外協力の中止などを働きかけた。旧同盟系の友
愛会も、社民党支持組合が組織していた中央労組会議も参議院選挙
を新民主党中心で闘うことで一致した。

　この通常国会中のもう 1 つの大きな政治的変化は、社民党が閣外
協力から離脱したことだった。1998 年 6 月 1 日、土井たか子社民
党党首が、3 党首会談のさい、党議にもとづくものとして、通告し
た。さきがけもこれに同調した。これで 1994 年 6 月以来の 3 党連
立体制に終止符がうたれた。社民党の閣外協力からの離脱は、日
米防衛協力のための指針（いわゆるガイドライン）やそれにもとづく
関連法案などをめぐる政策上の対立の激化も原因であったが、何よ
り、このままでは、すぐあとにせまっている参議院選挙をたたかう
ことができないという土井委員長の判断があったものとみなされ
た。1994 年段階での村山委員長の判断で成立した自社さの連立政
権は、村山談話以外には、労働社会にとって積極的な政策は生みだ
さず、自民党の復権とそのもとでのネオ・リベラル的な政策の展開
に道をひらいたものと評価された。

◇労働基準法改正をめぐって

　このような政党間の離合集散が展開した 1998 年の通常国会での最重要法案が労働基準法改正であった。連合からすると、この改正は、所定外労働時間の規制など、女性保護の廃止にかわる男女共通の規制をつくるはずのものであり、政策制度闘争の最重要課題であった。しかし一方、政府が中央労働基準審議会（以下、中基審）の審議を経て国会に提案した労働基準法改正案の多くの項目は、行政改革委員会が提起し、政府の規制緩和推進計画にもりこまれた労働分野にかんする規制緩和を推進するものであった。

　労働基準法改正については 1996 年末から中基審ではじまっていた。中基審の審議では、連合からでていた委員（秋元かおる、大山勝也、桜田高明、鈴木俊一、蘇武幸寿、野澤雄三、持丸博史）は、連合の考え方を積極的に主張したが、ほとんどは取り入れられず、労働契約期間の上限延長、新たな裁量労働制の導入など大部分の項目で労使双方の両論併記のかたちで答申されていた。

　労基法改正について、連合が要求していたのは、①男女共通の時間外・休日・深夜労働については、上限を法律に明記すること、②裁量労働制をホワイトカラー職に拡大することについては論議が不十分なので、審議を継続し、別法案とすること、③変形労働時間制については、現行の枠組みを維持すること、④労働契約期間の延長については不安定雇用とならないよう明確な措置を定めること、などであった。これらについての連合側の基本的な考え方は、連合総合労働局内に設置されたプロジェクトチームによって、「労働基準法見直しに関する当面の対応」として 1997 年 5 月にまとめられた。

　連合はまた、9 月中旬から 11 月までを行動集中月間として中央と地方で決起集会や労働省まえでの座り込みなどを実施した。各界著名人を集めた連合要求実現応援団も結成された。1998 年にはいると単組ごとに「連合要求実現決議」を行い、連合本部で集約したものを衆参両院議長に提出した。

　この間、政府は労基法改正案を中基審に諮問し、会長の花見忠ら公益委員は連合の反対をおしきって「おおむね妥当」と答申した。政府はこれを受けて2月10日政府案を閣議で決定し、開会中の通常国会に提出した。その内容は①労働契約期間の上限規制の緩和、②労働契約締結時に明示すべき事項に労働時間に関する事項等を追加、③退職時の証明事項に退職の事由を追加、④1カ月単位の変形労働時間制の見直し（要件変更）、⑤長時間にわたる時間外労働の抑制、⑥新たな裁量労働制（企画業務型）の導入、⑦年次有給休暇制度の付与日数の引き上げなどであったが、時間外労働の上限規制などについての明確な規制は法案のなかにはなかった。

　連合は各党に対して働きかけを行い、法案の修正を求めた。大衆行動も強化された。5月1日のこの年のメーデーは「労基法メーデー」と名付けられ、ふれあい広場は中止され、闘争色の濃いものとなった。この日行われた式典終了後のデモは7年ぶりのものだった。5月15日には、都内主要駅から霞が関、国会周辺にかけてウォーキングアピールが展開された。この日は、労基法改悪に全面的に反対する全労連も国会周辺で大衆行動をくりひろげた。そのなかで、全労連の女性組合員は連合の鷲尾会長、笹森事務局長に花束を贈呈した。このため「一日共闘」をもじって「花束共闘」と名付けたメディアもあった。

　連合はこの間、自民党を含む各党に法案の修正を働きかけた。その意をうけて、民主党、自由党などが、修正案をまとめて自民党に提示した。自民党側は、早期に国会を通して成立させるという考えで、この修正案をほとんど丸呑みした。修正の内容は、①ホワイトカラーを対象とする新しい裁量労働制については本人同意を義務づけ、拒否した場合にも不利益取り扱いを禁止する、②裁量労働制についての施行を1年延期し、その間、中基審などの審議をへて労働省が具体的な指針をつくる、③施行後一定期間後の見直し規定を設ける、などであった。ただ、この修正案を受け入れるにあたって、

自民党は、主要な各党が一致して賛成することを求めていた。ところが、この段階で、まだ閣外協力の座にあった社民党が、修正を不十分だとして、与党間協議がまとまらなくなってしまった。この結果、通常国会では、5月20日、労基法の改正は、継続審議とされた。

　連合は、5月18日に緊急三役会議を開き、深夜業の環境整備などの点で修正は不十分であるが、共同修正の努力は評価する、という態度を確認した。いぜんとして、内容には不満があるが、通常国会での法案成立の方向を選択したものとされた。継続審議が決まった20日には、連合・笹森事務局長は社民党伊藤茂幹事長と会見し、修正案に共同歩調をとってほしかった、と苦情を述べた。この段階から労基法については、連合は、大衆行動よりも院内行動を重視することとなった。

　労基法の最終的な行方は、参議院選挙をへて、7月30日に召集された臨時国会で、政府案の修正が行われ、共産党を除く各党の賛成で、9月3日に衆議院、9月25日に参議院で可決成立した。連合は、法案の衆議院通過の段階で、修正内容は連合対案とくらべれば不十分であるが、裁量制について本人同意などの要件が明確にされたことなど、評価できる内容をもっている、とした。さらに成立の段階では、多くの項目が政省令に任されており、その内容は中基審での論議に付されるので、「労働現場の実態と各界の意見を踏まえつつ、労働基準法改正はまだ終っていないという認識で対応していく」との事務局長談話を発表した。

　労働省は、12月28日に省令・告示などを公布した。そのなかには①女性保護の廃止にともなう激変緩和措置として育児・介護にあたっている女性については3年間、年150時間の規制措置を設けること、②過半数代表者の選出方法につき、監督者、管理者を除外するとともに、投票・挙手などの手続きによること、代表者にたいする不利益取り扱いを禁止すること、③時間外労働の従来の目安を適正化指針に格上げすること、などが定められた。①②は連合の要求

に配慮したものといえたが、③は1年360時間などで、内容上の変化はなかった。

◇ 1998年参議院選挙

　2つの国会のあいだ、1998年7月12日、参議院通常選挙の投票が行われた。この参議院選挙にあたって、連合は6月9日に開いた中央委員会で、この選挙への対応方針を決定した。この方針では、「民主党が勤労者、生活者にスタンスをおく新しい政治勢力の結集の中軸であると結成を歓迎し、全力をあげて支援する」と決定した。同日、連合と民主党とのあいだでは「参議院選挙にあたっての政策協定」が結ばれた。

　この政策協定には、「自民党政治と決別し、'公正、平等、参加'の政治を実現すること」がうたわれた。また連合と民主党の基本政策として、「人に優しい社会的連帯の高度福祉社会を構築する」など6項目にわたる政策内容が示されていた。連合は、民主党以外の、非自民、非共産の各党の候補者をすいせんする場合には、それぞれの党ごとに一定の条件を付した。

　1994年の自社さ連立政権の成立以来、国政選挙においては、政党との関係を産別まかせにしなければならなかった時代はひとまず終りを告げ、連合としては統一的な対応が可能となった。三役会議で最終的に決定した連合としてのすいせん候補者は、比例区10人、33選挙区38人、あわせて48人となった。比例区の10人は構成産別の組織内候補者で全員が民主党公認だった。選挙区の方はやや複雑で、もっとも多かったのは無所属候補19人だった。連合は選挙区においては可能なかぎり「統一型候補を擁立する」としていた。19人は全員民主党がすいせんしていたが、選挙区ごとに、社民党、自由党、公明など他の党がすいせんする場合もあった。連合のすいせんする民主党の選挙区の公認候補者は16名だったが、ほかに公明2人、自由党1名もすいせんした。

ただ、産別レベルでは連合の方針がそのまま貫徹したわけではなかった。連合の方針をほぼ踏襲していたのは電機連合と金属機械、ゼンセン同盟だった。比例区では私鉄総連は組織内候補を社民党からだしていたし、自治労・日教組は民主党と社民党から各1名を組織内候補者としていた。またかなりの産別のなかでは、選挙区で連合がすいせんする民主党候補者でもすいせんをださないケースがあった。地方組織のなかでも、社民党や自由党の支援を、公式または事実上、決定したところもあった。産別や地方組織ではまだ過去のしがらみにしばられたり、事態の展開に懐疑的な部分があったためであった。

　この選挙で全労連の方は、現在の政治体制を「オール与党」「総自民党政治」と位置づけ、実質的に共産党への票の集中をよびかけた。

　開票の結果は、自民党が45議席で、改選議席に届かない惨敗だった。とくに東京、大阪、愛知などの大都市部分では、有力候補が落選した。投票率が前回よりわずかながら上昇し、景気低迷など、橋本内閣の政策運営の失敗に対する批判票となったものと想定された。社民党も前回の3分の1以下の5議席となり、いわば1ケタ政党にまで転落した。そのかわりに躍進したのは民主党と共産党だった。民主党は27議席を確保した。とりわけ、比例区では、自民党と同じ14議席となり、全国的な支持率では、自民党と対抗できる水準にあることを示した。選挙区では、地方連合会が、結党間もなくのこともあり、地方組織においては不十分な民主党の体制を補完した。共産党は改選議席の2倍以上にあたる15議席（そのうち比例区8議席）と躍進した。これは大都市部での政権批判票の結集に成功したものとみなされた。

　選挙後に発表された連合の見解は、「連合がめざした‘自民党の単独過半数阻止’については、十分その目的は達成された。また‘自民党に代わる政権交代可能な勢力’づくりについては、民主党

の躍進により野党結集の足場が固まった」と述べた。しかし、問題がなかったわけではなかった。民主党から立候補した比例区の組織内候補者 10 人のなかでは当選者は 8 人にとどまった。これと関連するのが、地方区で候補者をたてられない空白区の存在だった。空白区においては、自民党候補の当選を保障したばかりでなく、比例区の民主党票も著しく低率となっていた。

　選挙に惨敗した橋本首相は、投票日の翌日の 1998 年 7 月 13 日、退陣を表明した。

第5章 ベア・ゼロの時代へ

ディーセントワークを新しい基調としたILO総会

4.11　統一地方選挙前半戦、4.25　統一地方選挙後半戦

6.5　連合、雇用・生活危機突破行動

6.20　改正労働者派遣法、改正職業安定法成立

7.24　公明党臨時大会、連立政権参加を決定

10.14　連合第 6 回定期大会

【概要】

　参議院選挙で自民党が惨敗し、橋本内閣が退陣したあと、首相の座は小渕恵三が引き継いだ。参議院選挙で惨敗したとはいえ、自民党政権そのものがゆらいだわけではなかった。小渕政権には、最初は自・自内閣のかたちで自由党が、ややのちには、自・自・公内閣のかたちで公明党が、さらに自由党が離脱したのちには自・公政権のかたちで、国会内の多数派を形成できたからであった。小渕内閣は前任の橋本内閣から大きな方針転換を行った。橋本内閣は財政再建をかかげたが、小渕内閣はそれを放棄した。公共投資、所得税減税など景気対策を重視し、そのための財源には国債の増発があてられた。背景には長期化する不況があった。失業率はしだいに 5％に接近するという水準にあり、製造業では多くの企業で一時帰休も実施されていた。とくに日産では、村山工場など、いくつかの工場の閉鎖が行われ、労働組合は雇用の維持に全力をつくした。

　各労働組合も、長期化する不況と 65 歳年金支給など制度的な変化に対応する方針を模索した。賃金面では、もともと標準労働者方式への移行を試みる産別が多かったが、60 歳以上の雇用を確保するための賃金カーブの修正や仕事給への移行などを方針とする組合も現れた。また労働組合の活動を賃上げに集中するのではなく、総合的な福祉の実現をめざす、とする産別組織もあった。ただ不況の長期化のなかで、企業内に活動をとどめる傾向、いわばインサイダー化が進行していることに連合も産別も苦慮し、電機連合などでは、産別として統一的に対応すべき月例賃金と、一時金のように企業ごとに対処すべきものとを分離する、とす

る方針をたてた。1999年の春闘結果では月例賃金では一定のベースアップ分を確保したが、一時金がかなりの減少となった。それを反映したのが人事院勧告で、年収レベルでは1.5%の減収となった。

　春季生活闘争の政策・制度闘争面でもっともはげしく闘われたのは年金制度改革であった。その内容は、支給年齢の65歳への引き上げ、年金保険料を一時金からも徴収するなどであった。国会審議の最終盤では、公述人として意見を述べることになっていた連合笹森事務局長は、強行採決が行われるとの報で、退席するという一幕もあった。労働にかんする重要法案には、派遣事業のネガティブリスト化もあり、これにも連合は反対したが、政府案通りに可決された。積極的な意味をもったのは、JAM連合会が推進したものづくり基本法で、これは議員立法として成立した。

　1999年10月には結成10年目の大会が開かれた。ここでは「力と行動」を新しいスローガンとする方針とともに、21世紀挑戦委員会で論議されてきた21世紀ビジョンの中間報告が公表され「労働を中心とした福祉社会」という考え方が姿をあらわした。その内容は、ＩＬＯの新しい基調であるディーセントワークと共通していた。

1. 賃上げゼロへの道

◇小渕内閣のもとでの政治変化

　1998年の参議院選挙のあとの臨時国会は7月30日に召集された。その前の7月21日に、自民党の議員総会が開かれ、橋本首相の辞任にともなう後継総裁選出の議員投票が行われた。総裁選挙には、小渕恵三、梶山静六、小泉純一郎の3人が立候補し、小渕が選出された。国会の召集日に首班指名選挙が行われた。小渕は衆議院では過半数をえたが、野党が過半数を占める参議院では、菅直人・民主党代表との決戦投票となり、菅が指名された。衆議院優先の憲法の規定にしたがい、小渕が総理大臣ということになった。これは、野

党が参議院で多数を占めるようになった1989年の再現であった。この首班指名選挙のさい、参議院では、共産党が第1回投票の時点から、菅に投票した。

参議院選挙中までは、共産党は、他党のすべてを「総自民党態勢」などとはげしく批判していたが、この時点で、野党協力にかじをきる可能性をみせた。共産党は、暫定政権構想も発表し、そのなかでは、日米安保条約の廃棄を凍結すること、現憲法のもとでは、天皇の地位と役割について否定をしないと、それまでの同党の方針を転換する内容も示された。

1998年7月30日、経済企画庁長官に非議員で作家の堺屋太一、女性大臣として郵政大臣に野田聖子衆議院議員を起用し、小渕内閣がスタートした。参議院では野党多数という状況のもとで、小渕内閣は自民党の単独政権となった。自民党単独内閣は、1993年の宮澤内閣以来5年ぶりのことだった。小渕内閣は中心的なスローガンとして「経済再生内閣」をかかげた。

この国会では前国会で継続審議となっていた労働基準法改正を成立させたが、中心的な課題は金融再建だった。国会の前半では、民主党を中心に野党共闘が政府を追い込んで各種の法案に野党の修正案を丸呑みさせたりしたが、後半では、自民党が、自由党、旧公明党の流れをつぐ衆議院の新党平和と参議院の公明、それに社民党をとりこんで、協調体制をつくり、野党共闘を分断して、国会を乗り切った。この臨時国会は10月16日に閉会した。この国会には労働者派遣事業法改正案が提出されていたが、継続審議となった。

続いて1998年11月27日につぎの臨時国会が召集された。いぜんとして小渕内閣は参議院で少数派だった。この窮地を救ったのは、小沢一郎党首が率いる自由党だった。臨時国会の召集前の11月19日、自民党・小渕、自由党・小沢の党首会談が行われ、両党で連立政権をつくることで合意した。これ以降、自民党と自由党のあいだでは随時政策協議が進展した。臨時国会には、緊急経済対策

をかかげた 24 兆円にのぼる過去最大の補正予算案が提出されていた。財源には主として国債の増発があてられた。財政再建をかかげた前の橋本内閣からみると、大きな方針転換だった。

　内容としては、4 兆円にのぼる所得税減税の恒久化、法人税減税、雇用活性化プラン、商品券の意味をもつ地域振興券の発行などであった。自民党は野党の分断をはかるために、公明グループにも接近した。補正予算案のなかに取り入れられた地域振興券は旧公明党グループの主張を取り入れたものだった。結果として、補正予算案は衆参両院で、自民党、自由党、旧公明グループ、それに社民党の賛成で可決成立した。

　この間、1998 年 11 月 7 日に衆参の旧公明党グループが合同して新しい公明党を結成していた。その実質は公明党の復活だった。公明党は、自民党と民主党のあいだで政局のキャスティングボートを握るとしたが、実態的には補正予算審議をつうじてしだいに自民党に接近していた。結果として民主党は孤立した。

　臨時国会の閉会のあと、自民党、自由党のあいだの協議が重ねられ、両党の距離はさらに縮まった。1999 年 1 月 14 日には、小渕首相のもとで、自民、自由両党によるいわゆる自自連立内閣が成立した。1999 年には自民党と公明党とのあいだも緊密の度を加えていった。最終的には 1999 年 10 月 5 日に、自民党、公明党、自由党の 3 党により、いわゆる自自公政権が成立した。この 3 党の連携で、参議院では与党が過半数を占め、衆議院ではおよそ 70% の議席を占めることになり、与党は巨大な勢力となった。1999 年の通常国会の段階ではまだ 3 党連立ではなかったが、公明党が実質的に与党化しており、連合など労働組合が展開する政策活動はまた新たな状況にたちむかうことになった。

◇三一書房争議

　この時期、特異な争議がはじまっていた。1945 年に京都で設立

され、のち東京に本社を移転した三一書房の争議がそれだった。同社は、左翼出版社として知られ、また、五味川純平著の『人間の条件』がベストセラーとなったことでも有名だった。ただ 1990 年代以降には経営状況は芳しくなくなっていた。同社には労働組合があり、全労連傘下の出版労連に加盟していた。

　1998 年 11 月 14 日、会社は、突如、組合役員 6 名を暴行行為を理由に懲戒解雇、2 名を停職処分とし、ロックアウトを宣言した。三一労組はユニオンショップ制をとっており、経営陣以外の全員が組合員であったから、全従業員が立ち入り禁止となった。同時に会社側はそれまでの労働協約を即日破棄するとした。ここから争議が始まった。経営側の行為には、事件屋とよばれる外部からの介入があり、三一書房の退職者が多数を占める株主とも対立した。争議開始後、出版労連などによる支援共闘会議がつくられただけでなく、鶴見俊輔、谷川健一、唐十郎らによって「三一書房の良心の灯を支える表現者の会」も結成された。

　三一書房労組は、①一方的に労働協約を解除したこと、②組合員 6 名を暴行等を理由に懲戒解雇処分に、2 名を停職処分に付したこと、③組合員 10 名に対し賃金を支払わなかったこと、④組合及び組合員を誹謗中傷する文書を配布したこと、⑤交渉権限を弁護士に委任したとして団交に応じなかったことに対して、東京地労委に提訴した。

　東京地労委は、2001 年 8 月、組合員 6 名に対する懲戒解雇処分及び 2 名に対する停職処分がなかったものとしての取扱い、原職復帰及びバックペイ、組合員 10 名に対する賃金相当額の支払い、労働協約の解除がなかったものとしての取扱い、支配介入の禁止、履行報告、それに謝罪文の掲示を命じた。

　しかし、会社側はこれを認めず、中労委に上告し、中労委が地労委の命令を追認すると、さらに東京地裁へ訴え、地裁が労働委員会の命令を認める判決をだすと、東京高裁へ上告して、争議は継続し

た。この間、組合側は、労働債権確保のための仮押さえの裁判所決定をかちとり、会社側は経理面でも追いつめられていった。結局、高裁で審理中の2005年7月、労使双方は、東京高裁の和解勧告を受け入れ、会社側は、前記東京地労委命令の5項目を受け入れるかたちで和解が成立した。2006年はじめ、組合員は職場復帰し、7年間にわたる長期争議はようやく終了した。ここまでが三一書房の第一次争議と呼ばれる。

だが、三一書房争議はこれで終らなかった。第一次争議のさなか、経営側は、ダミー会社をつくって編集作業などを行っていた。2009年3月、ダミー会社の社員が三一書房労組に加盟した。これに対して、会社側は、三一書房労組は、会社とのあいだでユニオンショップ協定を結んでおり、この組合員はもはやダミー会社の社員ではない、として解雇した。これは「逆ユニオンショップ解雇」ともよばれた。同時に、社長は、病気と称して出社せず、組合との団体交渉にも出席しなくなった。出版活動は停止され、賃金は不払い状態となった。

この争議は、2011年8月、東京地裁で、債務について責任を負わない免責的事業譲渡によってようやく解決した。和解内容は、組合員らが三一書房という名称の新社を設立し、口座、在庫などのプラスの資産を継承する一方、負債は旧社が継承する、旧社はまた組合に解決金を支払う、組合側は残っている労働債権を放棄する、などというものであった。この解決法は事業譲渡の枠組みを活用したものであった。

◇ 1999年春闘をまえに

1998年の日本経済は、政府の景気てこいれ策にもかかわらず、さんたんたる状態が続いていた。前年4月の消費税の引き上げを契機とし、バブルの後遺症などによる金融破綻やアジア通貨危機によって増幅した不況は、製造業の大企業などもまきこみ、1999年にいっ

そう深刻化していた。この年の実質経済成長率は、2.0％のマイナスだった。実質成長率がマイナスとなるのはオイルショックがあった1974年以来のことだった。企業業績の悪化も著しく、倒産する企業も増加した。しかし、もっとも大きな打撃をうけたのは、労働者の家計だった。家計調査が示したところでは、この年の勤労者世帯の実収入は1.8％の減少であった。それにともない、勤労者家計の消費支出も減少した。既述のように（152ページコラム参照）、家計の実収入は1997年が頂点で、1998年以降は対前年比でマイナスが続いていく最初の年の姿だった。

　とくに、年末にかけて労働者家計はきびしい状況にさらされていた。年末一時金が軒並み削減されたからである。たとえば、11月に電機大手17社の一時金が妥結したが、そのうち日立、東芝、三菱の重電大手3社では年間臨給は5ヵ月をわりこんだ。これは23年ぶりのことだった。また富士通労使が妥結した一時金の新方式では、一時金が前年度営業利益に連動するものとされ、やはりこの年には大きくおちこんだ。おなじ11月に電力各社の一時金交渉が妥結したが、ここでも月数は軒並み前年よりダウンしていた。

　失業者も増大していた。1998年平均の失業率は過去最高の4.1％であったが、11月には4.4％にまで上昇した。年齢別にみると、15〜24歳層と60歳以上の層でとくに高かった。実数でみると、常用労働者が減少したのに対して、臨時・日雇い労働者数が増加し、またパート比率が増加した。全体としていえば、失業が増加するなかで、労働者の正規から非正規への置き換えも引き続き進行していた。解雇や希望退職など労働者数を直接減らす手段のほかに、さまざまな手段で実働労働者の数を減らす試みが行われた。たとえば、自動車産業では、トラック・バス製造の日産ディーゼル、三菱自工、日野自動車がそろって一時帰休を実施した。

　こうしたなかで、各産別では、従来とは異なる方針を採択してい

た。たとえば、電機連合は、7月に開いた定期大会で、月例賃金と一時金とを区別する考え方を示した。すなわち、月例賃金は企業間の横断性を確保するために産業別統一闘争としてたたかうが、一時金については、統一的な目標水準を設定するとしつつも、企業業績の反映度を従来以上に考慮した取り組みを行う、としていた。この場合、月例賃金の目安としては、個別賃金を基礎におき、実質賃金の維持におくとされていた。いいかえれば、月例賃金では、実質生活の維持を確保することが重点となり、生活の向上は、企業業績を反映した一時金で達成する、という考え方であった。月例賃金部分についても、翌1999年7月の定期大会で最終確認された「新しい日本型雇用・処遇システムの構築」と題する報告のなかで、年功型から生活と業績を重視した賃金制度への転換が必要である、とした。この場合の生活は、たとえば60歳以上に定年などを延長した場合の生活条件を考慮していて、60歳以上の段階では生活の面からも賃金が低下することがありうるという考え方だった。

　自動車総連は、9月に開いた定期大会で決めた運動方針のなかで、「魅力ある自動車産業づくり」をかかげ、「付加価値の部品・販売・輸送の各分野への適正配分」をかかげた。同時に日本的雇用システムが変化しつつあるとして、「痛みを最小限に抑え、ソフトランディングができる態勢を構築する必要」があるとした。これとのかかわりで、労働条件の維持・向上のうち、賃金については、「個別賃金方式への移行とより透明性の高い公正な賃金制度の確立」「新しい賃金要求の組立て」をかかげた。具体的には、おなじ大会で決定された「ワークビジョン21」のなかで、日本の人事処遇システムにおいては実際の能力と処遇に乖離が生じているので、個人がもっている能力と発揮した能力を公正に評価できる日本型仕事給を検討して、若年層、中堅層により手厚い賃金配分を行うべきだ、とした。

　商業労連は、運動方針のなかで、「総合福祉政策」という考え方

をあらたに設定した。「総合福祉政策」は、従来のように賃金の引き上げを中心にした取り組みから「賃金、労働時間、福祉諸制度を効率的に組み合わせ」ることである、と説明された。福祉の諸制度には、65歳までの雇用確保、年金、医療、介護などへの取り組みが含まれており、医療や介護などを考慮すれば、地域への展開が不可欠となる。方針のなかでは、「地域社会への貢献を踏まえた産業構造の展開を進める」として、積極的に地域への進出を促す方針が示されていた。実際に商業労連は、サービス・流通連合（JSD）に組織展開したあと、加盟している企業別労働組合とともに、地域の再開発プランの樹立など、地域への展開をはかっていくが、それはあとのものがたりである。一方で、この方針のなかで、賃金については、「成果主義を強めた人事・賃金制度の導入」が必要であるとしていた。ここでは企業業績と、企業業績への従業員としての貢献を基準とするという考え方にたっていた。

　こうした方針の変化のなかには3つの事情が反映していた。1つは、経済が停滞し、多くの企業では業績が低迷しているという事情である。各企業の労働組合では、雇用も賃金もといいつつも、実際的には組合員の雇用の維持が優先されていた。多くの組合が、その善悪を問わず、業績を反映する賃上げや、個人レベルでの業績を重視する成果給を受け入れるようになったのは、こうしたこの時期の企業の業績に配慮したものだった。

　2つ目の事情は、組合員の雇用を重視する場合、従業員数を減少させるときには、新規採用を停止するという手法が使われた、ということにかかわっていた。この手法の結果、社会的なレベルでは、新規学卒の就職率の低下や若年層の失業率の増加を生んでいたが、企業内的には、従業員の高齢化が進行することとなった。伝統的な年功賃金を保証する定期昇給は、従業員が各年齢ごとに同数であれば、定年退職者を新規学卒者といれかえるというモデルのもとで、ベースアップがなければ、総額人件費だけでなく企業の一人あたり

平均の人件費負担の増加はゼロである。しかし新卒を停止した場合には定期昇給分だけ一人当たり平均の人件費は増加する。企業としては、この定期昇給分の負担を軽減するために、定昇そのものをストップしたり、成果給にきりかえたりする試みを行うことになる。そうした方向性が全体として成果主義あるいは成果給とよばれた。これに対しては、労働組合としても、なんらかの対応が必要となっており、多くの企業別の組合では、原則的にそうした企業の立場をうけいれるようになっていた。

　3つめの事情は、年金制度の改定である。政府は、公的年金の支給を65歳にまで引き上げることが確定しようとしていたから、年次的にではあるにしても、65歳までの雇用確保は労働組合としても至上命題となっていた。

コラム　公的年金制度改定の歴史

　公的年金制度の歩みと2000年までの主な制度改正

《制度の創設》

1942年	労働者年金保険法の制定（1944年に厚生年金保険法に改称）
1954年	厚生年金保険法の全面改正（現実に老齢給付の開始） 「定額部分＋報酬比例部分」という給付設計の採用 修正積立方式の採用
1961年	国民年金制度の施行（「国民皆年金」体制のスタート）

【1985年改正】

○全国民共通で、全国民で支える基礎年金制度の創設

○給付水準の適正化（成熟時に加入期間が40年に伸びることを想定して給付単価、支給乗率を段階的に逓減）

○サラリーマンの被扶養配偶者（専業主婦）の国民年金制度への強制適用（第3号被保険者制度の創設）

【1994年改正】

○60歳台前半の老齢厚生年金の見直し（定額部分の支給開始年齢を

2013 年までに段階的に 60 歳から 65 歳まで引上げ)

【2000 年改正】

○老齢厚生年金の報酬比例部分の支給開始年齢引上げ（2013 年から
2025 年までに段階的に 60 歳から 65 歳まで引上げ）

2013 年 4 月からの厚生年金の支給開始年齢の引上げにより、当時
の高年齢者雇用安定法のままでは企業の多くの定年が 60 歳であり、
2013 年度には、60 歳定年以降継続雇用を希望したとしても、雇用が
継続されず、無年金・無収入となる者が生じる可能性があり、年金支
給と雇用との接続が課題となっていた。

この課題に対処するため、定年後原則として希望者全員の再雇用
等を企業に義務付ける高年齢雇用安定法の改正案が国会に提出され、
2012 年 8 月 29 日に改正高年齢者雇用安定法が成立した。

高年齢者雇用制度において、定年を定める場合には、60 歳を下回る
ことができない。

65 歳未満の定年を定めている事業主に対して、65 歳までの雇用を
確保するために、次のいずれかの措置を導入しなければならない。

（1）定年の延長

（2）継続雇用制度の導入

　ただし、労使協定により基準を定めた場合は、希望者全員を対象と
しない制度も可能

（3）定年の定めの廃止

年金支給年齢の引き上げと、人件費増加を抑制しなければならな
い企業と折り合うためには、雇用が延長される労働者の、60 歳以降
だけではなくそれ以前の年齢層での賃金水準の低下も含めて、検討
せざるをえなくなっていた。65 歳までの雇用延長をめぐる NTT での
賃金体系の変更は、こうした事情を端的に表現していた。ただ、雇
用延長を選択して、実際に賃金低下を経験することとなった組合員

の仕事に対するモチベーションはかなりに低下したともいわれた。

　大手企業で、年金の受給年齢引き上げに対応する65歳までの雇用延長を、労働組合の要求に応じてもっとも早く導入したのは松下電器だった。労使で妥結した制度は、60歳定年を維持したまま、定年時以降には賃金を引き下げて再雇用する、というのがその内容だった。引き下げ幅は一般に40〜50%程度だった。

　産別レベルの動向は、全体としていえば、これまでの春闘のように、相場の形成・波及というかたちをとるのではなく、産別の自立・自決を高めることがうたわれたが、産別のなかでは企業の収益にみあうかたちでの企業労使の自立性を高めるという方向が示され、さらに企業のなかでは、成果主義に示されるように、多様性の名のもとに、個別の従業員の独自性を強めることに傾斜を示していた。

　むろんそれぞれの産別は、方針上は、商業労連のように地域への展開とか、自動車総連のようにサプライチェーン全体への配慮とかいったかたちで、労働組合の社会的機能をも示していた。しかし少なくとも春闘方針のなかでは、企業のなかにとじこもるという意味でのインサイダー化の傾向をはらんでいた。ゼンセン同盟が1998年9月に開いた定期大会で決定した運動方針は、その間の事情を、「多様化への対応と産業別組織としての統一性の2つの面」と表現していた。ゼンセン同盟自身は、この双方を追求していくとしていたが、ゼンセン同盟で方針上より強調されていたのは「社会的運動」としての側面だった。

　多様化への対応と産業別組織としての統一性という課題に対応しようとした別の事例は、新たに結成されていた化学リーグ21にみられた。化学リーグ21は、もともと化学関係の多様な業種と規模の企業別組合の集合としての性格をもっていたことがその背景にあった。化学リーグ21は、1999年1月の中央委員会で決定した「99春季生活闘争方針」のなかで、賃金要求について、個別賃金方式にもとづいて額で示される純ベアで「目安」をかかげ、これについて

は「各組合はそれぞれの賃金実態等を勘案し、選択して取り組むこととする」としたうえ、高卒35歳と30歳および高卒・大卒の初任給の各ポイントについては、「すべての組合が要求し、回答を求めていく」としていた。ここでは、要求のレベルでの産業別の統一性をはかる部分と、目安はあるが、企業段階で決定すべき部分との2つの水準を提起していた。

全体としていえば、1999年の春闘は、どの程度に賃上げが獲得できるか、というまえに、相場形成とベースアップによって、賃上げを確保するという春闘のあり方自体が、産別や企業別労働組合の方針のなかでさえ、問われていた。

一方、全労連加盟の医労連は、「差別と不団結を持ち込む職能給に反対する」など従来とほぼ同じ方針を決めたが、一方では「経営者が経営主義・利潤追求主義を強めて」いるという危機感があり、そうした経営者におされないために、産業別の統一した活動が重要であると強調していた。

◇1999年春闘の展開

連合系の1999年春闘は、スケジュールとしては例年通りに進行した。1998年10月に中央執行委員会が「春季生活闘争・基本構想」を決定し、11月に99春季生活闘争本部を立ち上げ、12月の春闘討論集会が行われた。1999年1月には日経連の労問研報告がだされ、7年連続のベアゼロ宣言を行った。これへの連合の反論が行われ、3月時点まで各種の行動が展開された。1999年3月中・下旬には「切れ目のない大きなヤマ場・ゾーン」が設定されて、金属労協の集中回答日など、この年の賃上げ傾向が固まった。そのあとほぼ4月末まで、中小の賃上げ闘争が続いた。1998年12月と1999年3月には政労会談が行われた。全体としていえば、表面上は、例年通りの春闘だった。

しかし、連合春闘では、新しい視点も示された。1つは、従来、

春季生活闘争は、賃上げ、時短、政策・制度の3本柱とされてきた
ものが、1999年春闘では、あらたに、企業や産業レベルでワーク
ルールを作りあげていくことが柱として加わり、4本柱となった。

　方針では、賃金要求の面では、きめこまかい配慮が示されてい
た。賃上げの水準については、前年と同様標準賃金の額として示さ
れ、35歳（高卒・勤続17年）ポイントで、ベア額3200円以上とな
る32万3300円が到達目標とされた。同時に、この年には、「参考
資料」としてではあるが、金属部門、化学・繊維部門など10部門
について、35歳銘柄の現行の賃金水準の実態が示された。3200円
という数値は、ここで示される標準労働者賃金の1%分のベースア
ップに相当するとされた。

　また、『連合白書』は、現在進行していて、各産別が直面して、
いわば萎縮している問題点について、論及している。その1つは、
賃金・労働条件の社会的相場から企業へのインサイダー化に対抗す
る論理だった。それは、「21世紀労働運動の課題」とする項目のな
かで、「企業中心のミクロの論理や労働契約の個人化に対抗し、働
く者の'連帯'の強化と社会的な労使関係の確立をめざす」とし、
「労働条件の社会的相場形成」という用語をも使って、インサイダ
ー化へ向かう傾向に歯止めをかけようとしていたものだった。

　『連合白書』は、問題の所在とあるべき姿の提起は行っていたが、
そのあるべき姿と、産業別・企業別労働組合の現実の方向との乖離
を、賃上げを軸とする春闘のなかでどのように克服していくのか、
という道筋は、連合白書の性格もあって示されなかった。

　金属労協の集中回答日は1999年3月17日とされていた。この
日、交渉がまとまらなかった日野自動車を除くと、金属労協関係の
各産別・企業で一斉に回答がだされ妥結したほか、公益部門に属す
る電力、NTTもこの日に妥結した。私鉄は、前年に引き続き各社
別交渉となったが、18日に大手各社の大部分が妥結した。

　これらのうち、春闘のパターンセッターとなっていたトヨタは定

昇込み 7600 円・2.21% で妥結した。これは前年より額で 1300 円、率で 0.4% ポイント低い数字だった。自動車のなかでは、日産とホンダの妥結結果が注目を集めた。業績の悪化が著しい日産では、ベア分はゼロとなり、定期昇給分だけとなった。一方業績の良いホンダは、月例賃金部分では、トヨタとの差を縮めるにはいたらなかったが、一時金ではトヨタを上回った。自動車総連が 1999 年 7 月に開いた大会で決めた「成果と課題」では、平均的には前年に比較して大幅に賃上げ水準が低下したほか、「多くの労使で賃金カーブ維持分を軸にした論議がなされ、維持分を確保できない組合が散見される結果となった」としていた。

電機連合の中闘 17 組合は、35 歳を基準とする標労方式で 3000 円（1%）のベースアップを要求していたが、500 円（0.17%）の上積みで妥結した。大手組合の月例賃金の引き上げという点では、額としては産業別の統一性は守られたが、一時金では 4.0 カ月から 4.9 カ月のあいだで大きなバラツキがあり、ここでもまた、収益動向による企業の個別化がいっそう進展していた。一時金も産別統一闘争として組織され、これまで秋に賃上げとは別個に交渉を行っていた松下電器労組などは春の時期にきりかえ、産別統一闘争に参加した。しかし、中闘組合のうち 4 組合は業績連動型一時金算定方式をとり、一時金統一闘争には参加しなかった。

隔年春闘の 2 年目を迎えていた鉄鋼労連は年間一時金のみの交渉となり、大手はいずれも前年を下まわったが、下まわった額には違いがあり、新日鉄が 10 万円、住友と川鉄が 12 万円、NKK は 19 万円、神戸製鋼にいたっては 19 万円減と、これも業績を反映した格差が明瞭に現れた。

やや異なったかたちをみせた産別組織もあった。前年に集団交渉を断念した私鉄総連では、この年も大手組合が各社別交渉を行ったが、産業別の統一性をまもるという観点から、小田急労組以外の 14 大手組合が大手交渉団会議を設置して、情報と対応について協

議するという態勢をとった。回答方式は、従来の平均での要求・回答方式から14組合と小田急で、高卒30歳勤続12年標準労働者での回答となった。妥結額は阪急と西鉄以外の、小田急を含む13組合で5600円となった。ただ、標準労働者が同一の賃上げといっても、各社ごとに従業員の年齢構成に違いがあるため、率では2.1%から2.8%程度へ違いが発生した。年間臨給は、東急、京阪、西鉄を除き、大手交渉団会議構成組合は、前年同月数で妥結した。私鉄総連は、こうした大手の妥結状況について、「懸念された大手間格差を払拭することができた」とする見解を発表した。

　5月12日時点の連合の集計結果では、連合傘下の12200組合中、約6%の組合が要求を断念し、要求提出組合のうち約40%は未解決で、要求未提出・未解決組合のなかには、経営対策や雇用確保に重点をおく通年闘争に切り換えた、としている。5月段階まで続いた春闘で、争議行為（半日以上のスト、怠業）をともなう争議は143件で、前年よりは増加したとはいえ、全体のなかではごく少数にとどまった。争議参加人員総数の方は、前年の約38万人から約36万人に減少した。

◇総収入はマイナス、格差は拡大

　この年の春闘は、労働省の集計では、民間主要企業の賃上げ妥結状況の平均で、額で7005円、率で2.21%だった。連合集計の加重平均では、6495円、2.10%、全労連が主導する国民春闘共闘委員会の集計では7844円、2.41%だった。連合は6月の中央委員会で決定した「99春季生活闘争のまとめ」のなかで、全体の評価として、「賃上げ回答の内容は、厳しい経営側のベアゼロ、賃金ベース切り下げの主張をはねのけ、最低限の歯止めをかけることができたと判断する」と述べた。たしかに労働省の賃上げ妥結状況でも、主要企業の平均としては、定昇を2%と仮定すれば、0.21%上回っており、わずかとはいえ、平均的にはベースアップ分を獲得したことに

なる。さらに生活維持分のなかには、連合は過年度の物価上昇率を
いれているが、1998年の消費者物価上昇率はマイナス1.5%だった
から、生活論の立場からは、実質的には、0.21%をかなり上回るこ
ととなる。

　しかし、実態はこのようなやや楽観的な評価をこえるさんたんた
るものだった。まず、ほぼ全産別で、春闘と同時期に、年間の月数
などのかたちで交渉される年間を通ずる一時金が大きく減額した。
この関係を象徴するのが、民間賃金を反映することとなっている国
家公務員についての人事院勧告であった。1999年の勧告では、人
事院は、月例賃金面では定昇をのぞいて0.28%、1034円の引き上
げを勧告した。しかし同時に、年間の一時金にあたる期末・勤勉手
当を前年より、0.3カ月引き下げ、4.95カ月分とするよう勧告した。
政府はこの勧告を完全実施した。結果、この年の国家公務員の平均
年収は率で1.5%、額で約9万5000円の減少となった。率でみると、
物価上昇率とあわせるとちょうどプラス・マイナスゼロとなる。公
務員の年収が、前年と比較して減少することは、第二次大戦後はじ
めてのことだった。

　もう1つの問題は、格差の拡大だった。労働省の中小企業の賃
上げ妥結状況によると、全体平均では、妥結額が4042円、率で
1.67%だった。主要企業の場合と比較すると、額でも率でも大き
な格差となっている。ちなみに、前年の率では主要企業2.66%、
中小企業2.24%だったから、格差はこの年にいっそう拡大したこ
とになる。加えて、ここでの数値は、妥結平均であるが、未要求、
未妥結の企業・組合がきわめて多くなっており、これらの企業で
は、賃上げゼロ、あるいは賃下げとなっていると想定されるから、
中小企業では実態的にはさらに低く、また主要企業との格差が大き
くなっていることになる。

　格差は中小企業の内部でも発生していた。労働省の集計では、賃
上げ率がもっとも低かったのは、トラック、タクシー、バスなど規

制緩和にさらされている運輸通信業で、1.17% だった。中小企業では、定期昇給を保障する賃金表をもたない企業が圧倒的に多いが、かりに、同一年齢での賃金維持分を定昇とおなじ 2% と仮定すると、業界を平均して 0.8% ポイントのベース・ダウンということになる。中小企業における妥結率では、地域別にみても大きな格差があり、最高は高知県の 2.09%、最低は奈良県の 1.22% だった。

　未要求、未妥結の企業の影響を排除していないこの統計の真実性には、統計のとり方によってはもっとさんたんたる数値が示された可能性があった。

　問題の所在ははっきり示されていた。まず、この年の春闘では、日本の労働者の所得水準を維持できなかった。こうした事態は、日本の労働者全体の平均では 1998 年の段階でもおきていたが、所得水準を維持できない人びとのなかに、多くの組織労働者が加わった、というのが 1999 年の特徴だった。

　もう 1 つの 1999 年春闘の特徴は、相場というものが事実上消滅した、という見方に有力な根拠を与えた、ということだった。相場は、パターンセッターから各産業別大手へ、大手から中小へとなだらかな下降線をえがきつつ波及していき、国有・公営企業の労働者や国家公務員、地方公務員には労働委員会の仲裁裁定や人事院勧告でいわば制度的に波及し、労働市場の条件によって影響をうけるとはいえ、未組織の労働者にも一定程度行き渡るという仕組みだった。この仕組みは、この年から数えて 35 年前の 1964 年に確立していた。

　電機連合や私鉄総連のように、産業別組織が、月例賃金のレベルでは、なんとか、相場を維持したものの、一時金まで含めて考察すると、相場よりも企業収益が事態を決定していた。未要求、未解決組合の多さが端的に示すように、各産業の大手から中小への波及は、急速に縮小した。1999 年 5 月に開かれた日経連の定時総会で、福岡道生専務理事は「各社の業績や付加価値生産性に応じた人件費

支払い能力に基づく自己責任型の賃金決定の動きが加速され、従来以上に横並びが排された」と、いわば勝利宣言を行った。

　勝利宣言には、事態の正しい掌握が含まれていたが、従業員の生活の向上をはかることへの経営者としての社会的責任への言及はまったくなかった。『日本経済新聞』は、春闘の始まるまえの1月13日付けの社説のなかで「横並びの賃金決定は成り立たず、春闘は流れ解散の状態」とまで述べたが、1999年の春闘は、連合や各産別が放置をすれば、これまでの春闘が築いてきた日本の賃金決定のあり方を崩してしまう可能性を秘めていた。

2. 年金法と派遣法、日産・リバイバルプラン

◇ものづくり基本法

　春闘が進行している時期、1999年1月19日に召集された通常国会が、自自連立内閣のもとで、進展していた。復活した公明党は、通常国会の最初の段階では野党的な立場をとったが、自民党との協議をすすめるなかで、通常国会の中盤以降は、自民党に大きく接近していた。

　通常国会の前半の論議の中心は1999年度予算案の審議であった。小渕内閣は、不況対策ということで、前年を5.4%上回り、総計で82兆円近くの予算案を国会に提出していた。伸びがもっとも高かったのは社会保障関係費で、これは高齢化の進展などによる自然増を中心としていた。つぎに伸びが大きかったのは、公共事業費で前年比5%増だった。

　これらの費用の増加をまかなうためには、税収は不足していた。不況のために税収の伸びが期待できなかったうえ、連合の要求もあって所得税の特別減税の恒久化がはかられていたためである。所得税の減税措置は、連合の要求が大きな要素とはなってはいたが、同時に企業減税と累進税率の緩和というかたちで金持ち向け減税も含

まれていた。税収に期待できないために、国債、それも赤字国債への依存度がいっきょにふくらんだ。予算全体の 20% を占め、前年を 3 倍以上上回る 22 兆円近くが赤字国債だった。これも 2 倍近くに増加した建設国債を含めると、国債依存度は 38% 程度にまで達した。借金大国としての日本は、この年に大きく姿をあらわしていた。

　予算案の審議は、比較的順調に推移した。衆議院では 1999 年 2 月 19 日に可決され、参議院では 3 月 17 日に可決された。予算案の可決の日付としては第二次大戦後、もっとも早いものだった。この間、公明党は、児童手当の支給対象の拡充などを要求し、自民党と交渉し、一部がうけいれられたとして、予算案そのものには反対するが、関連法案には賛成した。自、公の接近の具体的な現れだった。民主党は組み替え案をだしたが否決され、政府案には反対した。社民党、共産党も反対した。

　この国会さなかの 3 月、労働界に朗報が届いた。1999 年 3 月 19 日、議員提案のかたちで国会に提出されていたものづくり基本法（ものづくり基盤技術振興基本法）が成立した。ゼンキン連合と金属機械は、JAM 連合結成以前の 1997 年から、共同して、「ものづくり基盤の再構築と公正商取引慣行の確立」を求める中央集会などを継続的に行い、そのための法整備の確立を与野党に働きかけていた。各党への働きかけは議員立法のかたちでの国会提案に結実した。連合も 1999 年の春季生活闘争方針のなかで重要課題の 1 つに位置づけ、積極的に協力した。

　同法は、前文で、「ものづくり基盤技術及びこれに係る業務に従事する労働者の果たす経済的社会的役割が、国の存立基盤を形成する重要な要素として、今後においても変わることのないことを確信する」として、ものづくり事業者に対して「ものづくり労働者の労働条件の改善を通じて、ものづくり基盤技術の水準の維持及び向上に努め」ることを求めていた（第 6 条）。

　国に対しては、失業の予防その他雇用の安定を図ること、職業訓

練及び職業能力検定の充実等により職業能力の開発及び向上を図ること、ものづくり基盤技術に関する能力の適正な評価、職場環境の整備改善その他福祉の増進を図ることを求めていた。また国にたいしては、ものづくり事業者に中小企業が多いという事情を考慮し、「中小事業者の取引条件に関する不利を補正するため、その下請取引の適正化に関し必要な施策を講ずるものとする」としていた。このように同法は「ものづくり」の労働のあり方と、大企業と中小企業の関係の基本を定めたものであり、その具体化は、さらに個別の立法などにゆだねられていたが、そうした具体化は、実際には、進行したとはいえなかった。

コラム **ものづくり基本法（ものづくり基盤技術振興基本法）の内容**

前文 （前略） 我らは、このようなものづくり基盤技術及びこれに係る業務に従事する労働者の果たす経済的社会的役割が、国の存立基盤を形成する重要な要素として、今後においても変わることのないことを確信する。（後略）

第1章 総 則

（基本理念）第三条

（1項 略）

2 ものづくり基盤技術の振興に当たっては、ものづくり基盤技術の中心的な担い手であるものづくり基盤技術に係る業務に必要な技能及びこれに関する知識について習熟したものづくり労働者が不足していることにかんがみ、ものづくり労働者の確保及び資質の向上が図られなければならない。

3 ものづくり基盤技術の振興に当たっては、ものづくり事業者の大部分が中小企業者によって占められていることにかんがみ、中小企業者であるものづくり事業者の経営基盤の強化及び取引条件に関する不利の補正が図られなければならない。

（4項 略）

218

（ものづくり事業者の責務）　第六条　ものづくり事業者は、（中略）能
力の適正な評価、職場環境の整備改善その他ものづくり労働者の労
働条件の改善を通じて、ものづくり基盤技術の水準の維持及び向上
に努めなければならない。

（ものづくり労働者の確保等）第十二条　国は、ものづくり労働者の
確保及び資質の向上を促進するため、ものづくり労働者について、
次の事項に関し、必要な施策を講ずるものとする。

一　失業の予防その他雇用の安定を図ること。

（二、三　略）

◇年金法改悪反対運動

　しかし、この国会で論議された政府提案の法律案の多くは、労働
側にとって積極的なものではなく、労働にかんする規制緩和と国民
負担を強化するものだった。

　このうち、連合がもっとも激しく抵抗したのが、年金法の改正だ
った。1999年7月27日、政府は年金関連法案を国会に提出した。
その内容は、①厚生年金給付の報酬比例部分を2000年4月から
5%減額する、②65歳以上の賃金スライドを2000年4月から凍結
する、③年金の報酬比例部分の支給開始年齢を2013年度から2025
年度まで（女子は5年おくれ）に65歳まで段階的に引き上げる、④
厚生年金保険料は2003年4月から一時金を含めた年収から徴収す
る、⑤基礎年金の国庫負担を2004年までに3分の1から2分の1
に引き上げる、⑥在職老齢年金制度を65歳以降へ拡張する、など
とするものだった。

　こうした年金制度改革は、1997年から年金審議会で論議が行わ
れてきた。連合からは桝本純、久保田泰雄、山根昭昶の3人の委員
がでていた。これらの委員たちは、審議会で、連合の独自の計算に
もとづき、基礎年金への公費の投入によって、支給年齢の引き上
げ、給付の削減、保険料の引き上げなどは不要であると指摘した。

しかし、年金審議会（会長京極純一東京大学名誉教授）は、こうした意見を無視して、給付水準の引き下げはやむをえない、などとする意見書を1998年10月に厚生大臣あてに提出した。連合は、1999年1月に、さわやか福祉財団と共催でシンポジウムを開催するなど、年金改悪反対運動を強めた。

1999年3月12日、厚生大臣は、年金制度の改革案を年金審議会に諮問した。3月15日に、年金審議会は、年金制度改正法案について「了解する」という答申を行った。連合側の委員は退席し、翌日、厚生大臣あて委員の辞表を提出した。このとき連合は声明を発表し、「広範にわたる改正内容について、わずか2回という信じがたい日程で諮問・答申を強行した今回の運営は暴挙というほかはない」と述べた。連合はその後も大衆行動を展開したり、政労会談で内容の修正を申し入れたりした。法案は、自民党と自由党のあいだで調整が難航し、会期末に国会に提出されたが、そのまま継続審議となった。

法案はあらためて10月の臨時国会に提出された。今度は、自由党、公明党とも調整がついていた。連合は、賃金スライドの廃止を削除するなど大幅な修正をしない場合には、廃案に追い込むとする方針を決め、11月17日から全国800万人総行動などの大衆行動を展開した。1974年の年金ストのような実力行使をともなったわけではなかったが、政策・制度闘争としては、所得税減税闘争とおなじような大規模なものとなった。同じ時期、発足を直前にしていた介護保険制度について、政府と与党は、介護サービスの現物給付により介護の社会化を行うという法の本来の趣旨に反して、家族介護に現金給付を行うという修正を準備していることが伝えられたため、大衆行動のなかでは、「年金改悪反対」とともに「介護保険の完全実施」のスローガンがかかげられた。

今度は、自民、公明、自由の3党は強硬だった。1999年11月25日、中央公聴会が開かれた。これは、与党側としては、衆議院厚生

委員会での強行採決を前提としたものだった。中央公聴会の直前、衆議院厚生委員会理事懇談会が開かれたが、そこで江口一雄委員長は、民主党などの反対を押し切り、職権で 11 月 26 日に委員会での採決を行うことを決めてしまった。

　中央公聴会には、笹森連合事務局長が出席して意見を述べることになっていた。通常は、公述人は、各党からのすいせんによるが、ここでの笹森事務局長は、一般公募での参加というかたちをとっていた。公聴会の直前、強行採決の報が伝わり、笹森事務局長は、「採決を前提に意見を聞き置くというなら、公聴会を冒涜するものだ」と、抗議をして途中退席する、という異例の行動をとった。マスメディアは、この行動を大きく伝え、連合の存在感を示すこととなった。自民党の役員会では、連合からでている審議会の委員をすべて罷免すべきだ、などと不満の声がでた。この日の午後には、連合は議員会館前座り込み行動を展開した。同日、同時刻に全労連も同様の行動をとり、一日共闘的な雰囲気も示された。

　11 月 26 日、衆議院厚生委員会は、民主党など野党の抗議行動で混乱するなか、年金関連法の強行採決を行った。これに抗議して、国会のすべての審議を野党が拒否したため、国会は空転した。11 月 29 日、伊藤宗一郎衆議院議長は、法案を事実上委員会にさしもどす裁定を行い、厚生委員会での審議が再開された。この間、連合、全労連などの国会周辺の行動が続けられた。衆議院厚生委員会と本会議では 12 月 10 日に年金関連法が可決された。しかし、参議院では、本会議と国民福祉委員会で趣旨説明が行われたものの、実質的な審議は行われないまま、継続審議となった。ひとまずは、連合など労働側の勝利だった。

　2000 年 1 月 20 日は、この年の通常国会の開会日だった。この日、連合は、連合要求実現 1.20 院内決起集会を開き、そのまま座り込み行動を展開した。参加者は約 300 人だった。2 月 3 日、8 日、10 日にも座り込み行動が実施された。参議院国民福祉委員会で公聴会

が開かれた2月29日には2波にわたる集会と国会請願行動が展開された。この間、全国で署名活動が展開され、1ヵ月で650万人分の署名が集まった。連合の行動は2000年春闘の本番となる3月初旬段階まで継続していた。全労連もまた、おなじ時期に、国会請願行動などを実施していた。

　このような反対運動のなか、年金改正法は、3月21日に参議院国民福祉委員会、22日に同本会議、3月28日の衆議院本会議で、政府原案通り成立した。

　年金制度改悪反対の連合のたたかいは、国会座り込みのような直接行動への参加者数は多くなかったが、1年以上にわたって、世間に目にたつかたちで展開された。この活動の先頭にはいつも連合・笹森事務局長がたっていた。

◇派遣事業のネガティブリスト化

　話は前にもどる。1999年の通常国会には、労働市場のあり方に重大な影響を与える2つの法案が提出された。すなわち、労働者派遣事業法と職業安定法の改正であった。このうち、職業安定法の改正による有料職業紹介制度のネガティブリスト化については、連合は、公共職業安定所の機能強化などを求めたが、大きな反対運動は展開しなかった。同法は1999年5月21日に衆議院本会議で、また6月30日に参議院本会議で可決成立した。採決にあたっては、共産党を除く与野党がすべて賛成にまわった。

　より大きな論点をはらんでいたのは、労働者派遣法の改正問題であった。派遣法改正の政府案の最大のポイントは、人材派遣業のネガティブリスト化であった。すなわち、従来は26業務に限定されていた派遣対象を、製造業の現場業務、港湾運送業務、建設業務など、一部の業務を除いて、すべて労働者派遣事業の対象業務としうるというものであった。業者の許可手続きの簡素化も盛りこまれた。また派遣先は同一業務につき1年をこえる派遣契約をむすぶこ

とはできないこと、派遣先は適切な就業環境と、診療所、給食施設
の利用など便宜供与を行う努力義務を課したこと、も盛りこまれて
いた。

　労働者派遣事業のネガティブリスト化は 1996 年、橋本内閣のも
とで閣議決定された規制緩和推進計画にのっていたもので、中央職
業安定審議会で討議が行われたうえ、1998 年の閣議で法案が決定
され、その年の通常国会に提出されたが、通常国会でも、つぎの臨
時国会でも実質審議がされないまま、1999 年の通常国会にあらた
めて提案された。

　国会に提出されるまえ、派遣法改正の骨子は職業安定審議会に諮
問された。職業安定審議会には、連合から相馬末一、江夏孝治、津
田淳一郎、野田那智子、逢見直人、久川博彦が委員としてでてい
た。審議会で、連合側の委員は、連合の方針にもとづいて、ネガテ
ィブリスト化自体には異論を唱えず、派遣は常用型のみに限定し、
登録型については禁止することなどを求めた。その主張はいれられ
なかった。しかし、年金審議会の場合と違って、1 回の欠席戦術以
外には委員が退場したり、辞表をだすようなことはなかった。

　国会審議の過程では、連合は、民主党をはじめとする野党 3 党に
可能な限り連合要求を軸に統一修正案を取りまとめることを再三に
わたり要請した。しかし、民主党など野党が派遣法改正案に共同修
正案をまとめたさいも、連合がもっとも重視した登録型派遣の禁止
はもりこまれなかった。連合はこのことに「不満」は表明したもの
の、デモや国会請願など特別の行動はとらなかった。この点にかん
しては、修正法案の衆議院採決のさい、つけられた付帯決議のなか
で、登録型の派遣労働者のあり方を見直す、という趣旨が盛りこま
れたことを連合は評価した。最終的には、同法案は、職安法改正案
と同日に成立した。そのさい、民主党、社民党も賛成にまわった。

　その後の、とくに 2008 年のリーマンショック以降の経過からす
れば、派遣法のこの改正は、また連合など労働側がそれに厳しく対

処しなかったことは、大きな禍根を残すことになるが、それはのちのものがたりとなる。

　なお、1997年6月のILO総会は、「民間職業仲介事業所条約」という名称が付されるILO181号条約を採択した。181号条約の対象には、「すべての民間職業仲介事業所」が含まれており、そのなかには、いわゆる民間職業紹介事業といわれる事業者（条約第1条1（a））とともに、「労働者に対して業務を割り当て及びその業務の遂行を監督する自然人又は法人である第三者（以下「利用者企業」という。）の利用に供することを目的として労働者を雇用することから成るサービス」（条約第1条1（b））として、派遣事業もこのなかに含まれていた。ILO総会では、日本の労働側代表は条約に賛成票を投じた。労働省は、派遣法のネガティブリスト化に同条約を最大限に利用した。

　たしかに、ILO181号条約は、「民間職業仲介事業所の運営を認め」ることを目的としており、その活動が禁止される領域を決定できるとして、ネガティブリスト化の考え方を示していた。しかし、同条約がもっとも大きな目的としていたのは、民間職業紹介サービス事業の「サービスを利用する労働者を保護する」ことにあった。そのために用意されていたのが、使用者団体とその国の代表的な労働団体との協議だった。「民間職業仲介事業所の法的地位については、国内法及び国内慣行に従い、並びに最も代表的な使用者団体及び労働者団体と協議した上で決定する」（第3条1）とした項目がそれを端的に示している。移民労働者と民間職業紹介事業所の関係や対象労働者からの手数料徴収の禁止の例外の設定など、具体的項目でも「協議」を指示しており、また苦情処理にあたっては労使団体の「関与」を義務づけていた。

　要するに、この条約は、いわゆる民間職業紹介と派遣事業にかんしては、職業安定審議会といった責任があいまいな機関ではなく、政労使が協議をすることで政府が責任をもって対処する仕組みをつ

くることにより、関連する労働者の保護にあたる、というソーシャル・パートナーシップのあり方を想定していた。条約が想定するこうした仕組みをつくる試みは、連合の側からも、国会審議のなかでの野党の論議のなかでも、明確には示されなかった。ILO181号条約は、職安法と派遣法の改正が成立したのち、1999年7月28日に批准された。

◇日産・リバイバルプランをめぐって

　膨大な国債発行をともないつつ展開された政府の大規模な景気刺激策にもかかわらず、1999年の日本経済は低調のままだった。GDP成長率は名目で0.4%減となった。物価の下落があったため、実質ではようやく0.6%増となった。景気の低落の大きな原因は消費支出の低迷で、消費支出の低迷にはまた、賃上げゼロ時代を迎えて、家計所得の減少が原因となっていた。こうしたなか、高水準の企業倒産が続き、失業者が増加した。完全失業率は、1999年6、7月に4.8%と、統計開始以来の最高水準となった。

　実質的な雇用者数の減少などは、最初は中小企業を中心としていたが、この年には大企業のなかでも、大規模なリストラが展開されることとなった。その典型が日産自動車だった。

　すでに、業績不振となっていた日産自動車では、春闘ではベアゼロで妥結していたが、その春闘での妥結直後の、1999年3月27日、同社はフランスのルノー社との提携協定に調印した。これ以前には、ドイツのダイムラーやアメリカのフォードとのあいだで提携交渉が行われたが、いずれもまとまらなかった。ルノー社との提携がまとまったのは、同社がフランス政府との関係で多額の資金を準備することができ、1兆4000億円にのぼる有利子負債を抱える日産に大きな支援となる、という事情があった。日産・ルノーの提携交渉の過程では日産労組側には情報の提供はなかった。組合側がこの情報を知ったのは、会社側が対外発表してからのこ

とだった。

　ルノーとの協定により、同社から派遣されたのが、カルロス・ゴーン・ルノー社前副社長だった。日産では最初 COO（最高執行責任者、企業経営陣の No.2）に選出され、のちにトップの CEO（最高経営責任者）となった。1999 年 3 月に赴任したゴーン COO のもとで、事業再生計画が検討され、1999 年 10 月 18 日に、3 カ年間の企業再生プランとしての日産・リバイバルプランが発表された。

　日産・リバイバルプランをめぐる労使の正式の交渉・協議は、プランの発表後のこととなるが、その策定中の時期、組合のトップリーダーと、ゴーン COO とのあいだで、非公式の話し合いが行われた。この会談には、組合側から草野忠義自動車総連会長、高橋由夫日産労連会長、西原浩一郎日産労連事務局長、萩原克彦全日産労組中央執行委員長の 4 人、会社側からはゴーン COO のほか、人事担当役員が出席した。

　話し合いのなかでは、組合側は日産の改革が必要であることは前提としつつ、事業再生計画の策定にあたっての考え方・スタンスを説明し、その中心はこれまでの労使関係の維持や徹底した協議・交渉による労使合意の重要性を強調するものだった。7 月には日産労組が労使トップ会談で要請を行った。その内容は、①抜本的な経営改善策の策定と労使による目標の共有、②責任の明確化、③労使関係の重視であった。

　ゴーン COO は、この要請について、基本的に同意すると表明した。ゴーンに対して、組合側は、ルノーがベルギーの工場を撤退したさい、EU の指令を無視して事前の従業員代表との協議なしに工場の閉鎖を強行した経緯もあり、警戒心が強かったが、労使関係を重視する姿勢を評価するようになった。ルノーで、労使対決型の労働組合との関係を経験してきたゴーンはまた、日本の話し合い重視の労使関係への理解と共感を深めていった。

　プラン発表と同日、日産労組にたいしてリバイバルプランの説明

が行われた。その内容は、コスト削減の具体的な手法として、①村山工場など3車両工場と2ユニット工場を閉鎖し、他の工場に集約する、②世界規模で、従業員の14%にあたる21000人を削減する。③部品コストを20%削減するとともに、現在1100社以上あるサプライヤーを600社以下に削減する、などであった。

　日産労組は、リバイバルプランはただちには受け入れられないとして、徹底した協議・交渉を会社側に申し入れた。同日、日産労組が発表した「見解」のなかで、とくに問題視されたのは、村山工場などの生産工場の集約で、対象となる多くの従業員が実質的に通勤不可能となり、異動に応じられず、失業する可能性がある、という点があった。雇用について日産労組は、「雇用確保の三原則」①雇用調整を採用抑制と自然退職との差で行うことは容認する、②社内外への応援・出向については、職場の理解と納得を前提に対応することとし、転籍についてはこれに加えて本人同意を前提に対応する、③ただし、いかなる施策であっても、本人の意思に反して、結果として退職に追い込まれるような施策についてはこれを認めない、により対応した。日産労組とグループ企業の労組で構成している日産労連も、「日産グループ全体の構造改革の推進はやむをえない」とする一方、「グループに働く者の雇用の確保を大前提とすべき」として、労使会議の開催を会社に申し入れた。連合も、笹森事務局長のコメントを発表し、閉鎖工場の従業員への対策、関連下請企業の従業員の雇用への企業としての配慮のほか、地域の社会と経済に大きな影響を与えるとして、政府が十分な雇用対策をとるよう、支援活動を行っていく、とした。

　日産労組と会社側の臨時中央協議会は、10月27日に開かれ、会社側は、リバイバルプランの詳細を説明し、会社側は、労働組合との話し合いで了解を得て実行したい、と述べた。このあと、日産労組は、組合員に対して、自分の意思に反して退職をよぎなくされ

ることはさせない、異動する場合の条件はこれまで以上のものとする、異動できない場合には就労の場を確保する、など、組合としての見解を発表した。また、村山工場など関連する現場での討議をすすめ、組合員の意見を把握することにつとめた。村山工場の組合員からは、「改革は理解できるが、なぜわれわれが犠牲にならなければならないのか」といった不満や非難の声もだされた。また村山工場での職場集会では「異動条件を明確にしてほしい」との意見が多くだされた。

日産労組と会社のあいだでは、労使協議会などで検討が続けられた。会社側からは、閉鎖する工場について、解雇はしない、全員に異動先を準備し、異動のための支援を行う、退職するものには転進支援策を設ける、村山工場の場合、どうしても異動できない場合に備えて、2004年まで一部の工程を残し、その間に転職をあっせんする、などが表明された。労使間ではこれにもとづき、異動等のケースについての支援策が、12月9日に、合意された。その内容は、独身者向けの30万円から最大306万円にのぼる異動者に対する特別赴任手当の支給、選択定年制による退職金の割り増し、などであった。

その具体的なあり方を含め、日産労組は1年間で120回を超える労使協議と団体交渉を行った。異動対象者については、本人の意思確認が会社側から行われたが、日産労組もまた個人面談を行い、その意思を確認した。組合は村山工場から他工場への異動者については、異動後の一定期間、公正な昇進・昇格が確保されているかについて確認を行った。村山工場では、もともとの在籍者のうち、2300人が他工場などへ異動し、300人が異動困難者のため期間限定で残した職場に残留となり、530人が定年および選択定年制により職場を去った。退職者のうち希望者には就労支援策が適用された。

この間、全労連は、「日産リストラ計画を見直せ」などのスロー

ガンをかかげて村山工場周辺や日産本社周辺での集会やデモ行進を行ったりした。村山工場には、全労連傘下の JMIU の組合員が数十人存在し、街頭活動でも中軸となっていたが、労使間の協議には、影響をもたなかった。

　雇用という面では、リバイバルプランでは、関係会社の株式売却などにより脱系列化を進めるとともに、部品などの購買コストの20% 削減を目標とする徹底的なコストダウン計画を内容としており全体的には日産本体よりもグループ企業への影響が大きかった。一部では、このプランは「ケイレツ破壊」と称された。

　この事態に対応したのは日産労連だった。日産労連としては、非自発的失業は絶対に認めない、とする基本線にたって対応した。実際には、傘下の労組がある企業で指名解雇が計画されたが、日産労連が拒否した結果、撤回された。それでも関連企業では、希望退職などのかたちをとって多数の離職者が発生した。日産労連は雇用対策室を設置して、希望者にたいしては、不当な解雇の監視を行うとともに、日産労組以外のサプライヤー、販売部門での離職者を対象として、見舞金、再就職援助金のかたちで離職した組合員に支援を行う雇用対策基金を設置した。この支援金は、労組役員から離職組合員に手渡しされ、再就職などの状況をフォローした。雇用対策室では再就職先を開拓し、離職した組合員に紹介する活動を実施した。このような就職機会の開拓紹介は自動車総連や地方連合会とも連携して実施された。

　ゴーン COO は、2000 年 6 月に社長に就任していたが、2002 年5 月、ゴーン社長は、目標を達成したとして、リバイバルプランの終結を発表した。営業利益は大きく伸び、有利子負債は大幅に減少した。なおグループ全体の従業員は、計画の 2 万 1000 人減少より2000 人多く減少した。

◇春闘改革論議

　1999 年夏の産別大会では、春闘改革についての論議が活発に行われた。実質的にベアゼロの春闘となったこと、鉄鋼労連が隔年春闘に移行したことなどが、論議のヒキガネとなっていた。

　1999 年 7 月に開かれた電機連合の大会では、「春季生活闘争改革素案」が提起された。その内容は、現段階で労働組合にとってもっとも重要な課題は雇用の維持確保であるという前提にたって、①労働条件交渉で、賃金を単体だけでとりだしても意味がない時代となっているので、賃金、一時金、労働時間、退職金、年金・健康保険の個人負担分、社内福利費用など、労働条件総体のなかで、その年にどの部分を重視するかを決め、②その内容を労働協約改定交渉に集約する、③この場合、労働協約の期限が 2 年であれば隔年に交渉するということになるが、現段階では、賃金については年度ごとで方針を決定する、④賃金水準は産業・企業ごとに大きな差があり、引き上げ額だけをそろえても意味がないので、連合はナショナル・ミニマムと個別ポイントの最低賃金を確保することに特化すべきである、などであった。大会で、代議員からは、「賃上げ中心を転換することには十分な議論が必要である」などの意見がだされたが、もともと予定されていた通り、翌年の大会でさらに討議を行うこととなった。

　翌 2000 年 7 月に開かれた電機連合の大会で決定された運動方針のなかでは、「春季総合生活改善闘争の取り組み」として、2002 年の春季生活闘争から労働協約改定闘争と位置づけることが明記されたが、隔年型に移行することについては、なお加盟組合のなかで論議をつづけることとなった。論議のなかで、代議員から、今日のような企業改革のドッグイヤーの時代には、2 年に 1 度の組合要求では、組合の存在価値を大きく損ずることになる、などとする意見がだされた（「ドッグイヤー」については 232 ページ参照）。

1999年9月に行われた自動車総連の定期大会では、草野忠義会長が、鉄鋼労連が導入し、電機連合が導入すると伝えられた隔年春闘方式についてふれ、自動車産業の賃金は相対的に低い地位にある、として毎年の春闘を変える意思がないことを明言した。全国一般の松井保彦委員長も、8月に開いた定期大会のあいさつで、「賃金闘争を毎年やらなければ格差はますますひろがる」と述べた。1997年以降、集団交渉から個別企業交渉に変更していた私鉄総連は、7月に開いた定期大会で決定した方針のなかで、大手組合については単組別個別交渉とするかわり、15社15組合のあいだで、大手労使会議の開催を求めていくとした。

全体としては、各大会で、春季生活闘争の現状についての危機意識は強まっていたものの、具体的な春闘改革の方策はまだ示されなかった。鉄鋼型の隔年春闘に関心を示した産別は電機連合にとどまっていたし、電機連合が春闘改革の素案で示したような、伝統的なパターン・バーゲニング方式を脱却して、標労方式で、ミニマム額を作り上げていこうというアイデアも、他の産別では、論議の対象とならなかった。ナショナルセンターとしての連合からも、戦略的な意味での春闘改革の具体的な提案は示されなかった。

◇　「労働を中心とした福祉型社会」とディーセントワーク

1999年は連合結成からちょうど10年にあたっていた。この年大会で採択された宣言には、「21世紀へ　力と行動」と「労働を中心とした福祉型社会」という2つのフレーズがかかげられていた。前者は、連合結成以来用いられてきたキャッチフレーズの「力と政策」のうちの政策を「行動」に変えたものだった。新しいフレーズは、笹森清事務局長の発案にもとづくもので、連合の現状に対する危機意識が背景にあった。大会宣言自体、連合の結成大会の宣言がいわば楽観的な未来を明るく描いていたのは比較すると、悲壮感さえただようものとなっていた。

「労働を中心とした福祉型社会」については、論議の経過があった。鷲尾会長と笹森事務局長という連合の2人のトップは、労働運動の現状について、それぞれ危機意識と問題意識をもっていた。

　鷲尾会長がもっていたのは、時代認識と国際感覚であった。当時労働界で流行した用語の1つがドッグイヤーだった。これは犬の1年が、人間の7年に相当すると言われているところからきた俗語だった。要するに、1年が7年のように急速に変化してしまうという意味で、一般には情報分野での展開の速さを示すものとして使用されていた。鷲尾会長の出身は鉄鋼であり、経済の面でも労働組合運動の面でも、基軸的な位置を占めていたこの産業がまたたくまに不況産業になってしまうという経験をもっていた。1990年代後半というこの時期に、進展する経済の変化に労働組合がしっかり対応できなければ、雇用の悪化が急速に進展してしまい、労働者状態が悪化してしまうという認識があって、この言葉を使用していた。

　国際感覚という面でも、鷲尾会長は国際自由労連大会への出席などをつうじて豊富な体験をもっていた。そのなかでも、国際的な労働運動が体験しつつある2つの方向性を実体験していた。1つは、ヨーロッパ社会民主主義の変化であり、イギリスのブレア労働党や、ドイツのシュレーダー社民党政権の動向である。その内容は、これらの政党を支える労働組合の側からは反発もあったとはいえ、既述（131〜132ページ参照）のような「第三の道」であった。

　もう1つは、ILOの変化である。新しく就任したファン・ソマビアILO事務局長は、1999年の総会で、ディーセントワークという用語をつかって、労働と労働者のあり方を示すことで、ILOの理念の新しい展開をはかっていた。こうした世界的な流れのなかで、もう一度、連合を中心とする日本の労働運動を構想しなおさなければならない、というのが鷲尾の気持だった。

コラム　**ディーセントワーク**

　ディーセントワークは、1998年に就任したファン・ソマビアILO事務局長が1999年の総会への報告で提起したILOの活動指針である。ILO駐日事務所では、この言葉を、「働きがいのある人間らしい仕事」と訳している。ディーセント（decent）の意味は、オックスフォード英英辞典では、「量または質からみて十分な」状態を意味するとされており、その意味をもりこんだ日本語訳であろう。

　その内容については、最初のソマビア報告のなかでつぎのように説明されている。

　「ディーセントワークは、労働生活についての人びとの願望をまとめたものである。そのなかに含まれるのは、生産的かつ公正な賃金を与える仕事の機会、職場の安全と家族の保護、個々人の成長と社会的統合へのより良い展望、人びとが自分たちの関心を表明し、自分たちの生活にかかわる決定に団結し、参加する自由、それにすべての男女に対する機会と平等、が含まれる」（高木訳）。

　ディーセントワークの概念は、労・使・政を含む労働関係者、とくに労働組合の国際的に共通するキーワードとなった。ILO自身は、ディーセントワークの概念は、ILOの理念と1948年の世界人権宣言など人権にかんする国際的な宣言を継承・発展させたものであり、またその後たとえば2015年の国連総会で採択された「持続可能な発展をめざす国連2030年アジェンダ」のかたちで発展しているとしている。

　現在では、ディーセントワークの内容は、すべての項目にわたって男女平等を基調としつつ、つぎの4つに整理されている。

　1. 仕事の創出

　2. 社会的保護の拡充

　3. 社会対話の推進

　4. 仕事における権利の保障

ディーセントワークの考え方は、「第3の道」の概念と一定程度共通していた。すなわち、所得の分配で、貧困を金銭の分配で救済するのではなく、基本的にすべての人びとが、職業に参加し、包摂されることにより、所得の確保と社会参加を果たしていくようにすることが基本となるべきだ、とするものだった。この考え方は「ウェルフェア　ツウ　ワーク（welfare to work）」と表現される場合もあった。ワークフェアという用語も同じで、市場万能主義のもとでは、これは福祉を卒業すること、あるいは「働かざるもの食うべからず」の原則を意味するものとされたが、ディーセントワークや「第3の道」では、すべての人が、差別されることなく働きうるシステムをつくっていく重要性を強調していた。「ウェルフェア　ツウ　ワーク」も、福祉から労働へというのではなく、働くための福祉システムをどのようにつくるかがヨーロッパ社会民主主義やILO原則になっていた。

　一方、『月刊連合』への寄稿などで、笹森事務局長の危機感はつぎのようなかたちで示されていた。「華々しく期待を込められた連合の結成だったが、運動はしぼんでしまった」のではないか、そうだとすればそれはなぜか。その回答にあたるものとして、現状の問題点が「組合の塀の中だけで問題処理に埋没している」ことと、「運動がマンネリ化して行動パターンが自己満足に陥り過ぎて」いることを挙げ、「本当に怒らなければいけない時は怒る運動を組織」することによって、政界、財界、官界との間に緊張感を生み出すべきだ、いうのが笹森事務局長の考え方だった。

　このようなトップリーダー2人の問題意識でつくられたのが「『連合21世紀への挑戦』委員会」だった。「21世紀挑戦委員会」は、連合結成10周年記念事業の一環として、1998年11月の第29回中央委員会で設置を決定した。

　中央委員会に提出された文書の中では、「21世紀挑戦委員会」の検討課題として、「経済社会のグローバル化、情報化、少子高齢化

がすすむ 21 世紀における連合運動の戦略方向と課題」を挙げ、具体的なテーマとしては、ⅰ）成熟社会における労働運動の新しい可能性、ⅱ）日本型参加のシステム化、ⅲ）企業別─産別─ナショナルセンターの役割の見直しとナショナルセンターの機能の再構築、ⅳ）追求すべき政策課題とその実現方法、ⅴ）組織拡大の戦略と課題などを想定していた。

「21 世紀挑戦委員会」のメンバーには、ⅰ）連合副会長や中央執行委員を務める構成組織の会長・委員長、ⅱ）地方連合会の会長、ⅲ）研究者等から選ばれ、笹森事務局長が主査を務めた。研究者では高梨昌、正村公宏、丸尾直美、高木郁朗が参加した。委員会には作業委員会が設置され、作業委員長には連合総研副所長の井上定彦、幹事には自動車総連の加藤裕治事務局長、ゼンセン同盟の逢見直人政策局長らがあたり、中間報告や最終報告はこの作業委員会で作成された。

「21 世紀挑戦委員会」は 1999 年 2 月から 8 月にかけて、ほぼ毎月 1 回のペースで開催された。毎回学者メンバーと組合側メンバーが報告を行い、その後議論が行われた。研究者側では、高梨が市場万能主義と金融中心型によるカジノ経済化に警鐘をならし、正村は雇用の観点の重視、そのためにも労働時間短縮にもっと大きな力を注ぐべきこと、丸尾は、「第三の道」の意義、高木は組織率が低下するなかでの労働組合の代表制のあり方、とくに各種の市民的な活動とのネットワークの重要性などを論じた。

労働側では、とくに鷲尾会長が、「多様化した、あるいは流動化した労働になっていくので、労働組合は横並びの連帯と団結だからいまや不要になった」という考え方を「俗論」とした上で、「個人契約的な労働力が増えれば増えるほど、集団的な評価基準と集団的労働契約をきっちりと決める必要がある」と強調した。一般に、企業経営者が年俸制など、個別的労使関係を重視するようになったなかで、あらためて集団的労使関係の重要性を強調したことになる。

その背景には、組織率の低下により日本の労働運動は社会的影響力を失い、ダメになってしまうのではないかという危機感があった。

　こうした議論の内容は、作業委員会で整理され、1999年10月の第6回定期大会で中間報告されるとともに、この年の運動方針のなかに取り入れられた。さらに、作業委員会は、その後約2年間にわたり、論点の整理につとめ、最終的には、2001年の連合大会で「21世紀ビジョン」というかたちで、決定されることになる。1999年の大会では、このうちの中核的な内容となった「労働を中心とした福祉型社会」という考え方が、姿をあらわしていた。

　この時期、日本ではまだディーセントワークの考え方が広く受け入れられていたわけではなかった。しかし連合の1999年大会における「労働を中心とした福祉型社会」を基軸とする新方針は、基本的には、第3の道 はともかく、ILOのディーセントワークの考え方とほぼ共通する内容をはらんでいた。新運動方針は「企業、産業、国家のあらゆるレベルでの参加を通じて社会的役割を高めつつ、働くものの雇用と公正なワークルールの確保・確立、男女平等参画を基本に、生活の質を高めるための社会システムの改革をめざす」としていた。大会宣言では、市場万能論や市場原理主義が横行している現状を批判し、効率・競争に陥りがちな風潮に歯止めをかけ、とくにリストラにたいしては、「ものわかりが悪い」といわれようとも、断固たち向かうとしていた。こうした方向を推進するために、新しいかたちの労働組合組織を発展させることが必要であるとして、クラフト・ユニオン、ゼネラル・ユニオン、コミュニティ・ユニオン、それに加えてネットワーク・ユニオンといった従来の産別とは異なる組織の展開に言及していたのも、新方針の特徴だった。

　政治方針でも、新しい内容が示された。自自公政権が借金財政の拡大と労働を中心とする規制緩和路線を推進するなか、民主党の成立と発展は、久しぶりに、それまで産別の自主性にまかせていた

政治活動を連合に統一する機会をつくることとなった。新方針は、民主党を基軸に政権交代可能な政治勢力の結集につとめることを表明し、構成組織の政治活動を連合に一本化するための組織として政治センターを設置することとしていた。

　連合大会は、鷲尾会長・笹森事務局長の体制を再選したが、このような方針と、体制のもとで、どのような具体的な運動を展開していくかが、つぎのものがたりとなる。

主要参考文献

1. 基本文献

（全般）

教育文化協会編・高木郁朗監修『日本労働運動史事典』2015 年、明石書
店

法政大学大原社会問題研究所『日本労働年鑑（第 65 〜 70 集）』1995 年〜
2000 年、旬報社

労働省編『資料労働運動史（平成 6 年〜平成 10 年）』1998 〜 2002 年、労
務行政研究所

（ナショナルセンター関係）

『全労連 20 年史』2009 年、大月書店

連合『「力と政策」から「力と行動」へ——連合政策・制度 10 年の歩み』
1999 年、

連合運動史刊行委員会『連合運動史 第 2 巻』2002 年、教育文化協会

連合総合企画局『語り継ぐ連合運動の原点 1990 年〜 2014 年』2014 年、
『同別冊』2015 年、日本労働組合連合会

（産別等の関係）

金属労協『金属労協 50 年史』2015 年

情報労連『情報労連 50 年のあゆみ：感動から結集へ』2012 年

JAM『10 年のあゆみ：JAM 10 周年記念誌』2011 年

電機連合『電機連合 60 年史』2014 年

日教組『日教組 60 年——ゆたかな学びを求めて』2007 年

UI ゼンセン『ゼンセン同盟史 第 12 巻』2003 年

その他産別のホームページ

（その他）

『月刊連合』1993 年～ 1999 年各号。

中央労働委員会事務局『労働委員会・命令・裁判例データベース』web.
　　churoi.go.jp/

『ひろばユニオン』1993 年～ 1999 年各号。

2. 関係者著作、公述等

山岸章『「連立」仕掛人』1995 年、講談社

同『我かく闘えり』1995 年、朝日新聞社

梶本幸治、園田原三、浜谷淳編『村山富市の証言録』2011 年、新生舎出
　　版

3. 関係者聞き取りおよび助言

逢見直人（連合会長代行）

梶本幸治（元全電通委員長）

小山正樹（一般社団法人日本ワークルール検定協会理事）

高橋　均（元連合副事務局長）

西原浩一郎（元金属労協議長）

ブリヂストン労働組合

著　者

高木　郁朗（たかぎ・いくろう）

　1939 年生まれ。東京大学経済学部卒業。山形大学教授、日本女子大学教授を歴任し、現在、日本女子大学名誉教授。

　著　書：『国際労働運動』（日本経済新聞社）、『春闘論』（労働旬報社）、『労働経済と労使関係』（教育文化協会）、『労働者福祉論』（教育文化協会）、『ものがたり現代労働運動史 1』等

　編　著：『ものがたり戦後労働運動史（全 10 巻）』（教育文化協会）等

　監　修：『日本労働運動史事典』（明石書店）、『増補改訂版 共助と連帯——労働者自主福祉の意義と課題』（明石書店）等

　訳　書：『OECD 図表でみる世界の社会問題』『同 2』『同 3』『同 4』（明石書店）ほか多数

協　力

公益社団法人 教育文化協会（略称：ILEC〔アイレック〕）

　1995 年 12 月、連合、連合構成組織などにより設立。労働教育及び教育文化活動の振興を通じて、勤労者とその家族の学習・文化活動の支援と、時代の要請に応えうる人材の育成を行い、勤労者の福祉の向上および労働運動、社会の健全な発展に寄与することを事業目的としている。

連合新書 22
ものがたり現代労働運動史2 1993〜1999——失われた10年の中で

2020年6月10日　初版第1刷発行

著　者　高　木　郁　朗

協　力　公益社団法人 教育文化協会

発行者　大　江　道　雅

発行所　株式会社明石書店
〒101-0021 東京都千代田区外神田6-9-5
電話　03（5818）1171
FAX　03（5818）1174
振替　00100-7-24505
http://www.akashi.co.jp
装　丁　明石書店デザイン室
ＤＴＰ　レウム・ノビレ
印刷・製本 モリモト印刷株式会社

（定価はカバーに表示してあります）　　ISBN978-4-7503-5031-8

日本労働運動史事典

公益社団法人 教育文化協会 ［編］　**高木郁朗** ［監修］

◎B5判／上製／432頁　◎15,000円

明治からの日本の労働運動の歴史について体系的に概観することを目的に、組織、人物、政策、制度、活動など、関連する国際労働運動も含めて約1000項目を収録。相互の関連や背景事情について理解を深めるのに役立つ年表、事項、人名、組織索引をつける。

【項目の例】

人名
赤松克麿／浅沼稲次郎／芦田甚之助／飛鳥田一雄／麻生久／安部磯雄／天池清次／荒畑寒村／市川房枝／市川誠／岩井章／S.＆B.ウェッブ／宇佐美忠信／氏原正治郎／江田三郎／エンゲルス／ロバート・オーウェン／大内兵衛／大河内一男／大杉栄／太田薫／賀川豊彦／片山潜／金正米吉／河上肇／アントニオ・グラムシ／幸徳秋水／サミュエル・ゴンパーズ／西光万吉／堺利彦／向坂逸郎／佐久間貞一／佐々木孝男／笹森清／重枝琢巳／島上善五郎／清水慎三／末弘厳太郎／杉山元治郎／鈴木文治／高木剛　ほか

労働組合・団体
印刷労協／運輸労連／映演労連／NHK労連／沖交労／海員組合／化学総連／活版工組合／紙パ連合／機労／金属労協／金融労連／建設連合／港運同盟／交通労協／航空連合／交総／全日本鉱夫総連合／公労協／国際自由労連／国鉄総連／国労／サービス連合／全自交労連／全信労連／全水道／全生保／全石炭／全繊同盟／ゼンセン同盟／全総／全造船機械／全炭鉱／全通／全鉄労／総同盟／総評／炭婦協　ほか

争議
尼鋼争議／雨宮製糸スト／岩田屋争議／内灘闘争／宇部争議／王子製紙争議／近江絹糸争議／大阪天満紡績スト／沖電気争議／海員組合人間性回復争議／学テ反対闘争／鐘紡争議／川労協・公害闘争／官営八幡製鉄所争議／韓国スミダ電機争議　ほか

訴訟・裁判
秋田相互銀行事件判決／朝日訴訟／オズボーン判決／川岸工業事件判決／関西電力事件判決／国鉄札幌運転区事件最高裁判決／芝信用金庫事件東京高裁判決／秋北バス事件判決／昭和シェル事件東京高裁判決／新日鐵出向訴訟判決／住友セメント事件判決／セメダイン事件判決／全農林警職法事件判決／タフ・ヴェイル判決　ほか

テーゼ・方針
アナ・ボル論争／教師聖職論／教師の倫理綱領／極東委員会：日本の労働組合に関する16原則／幸徳・田添論争／「職工諸君に寄す」／総退却論／中ソ論争・中ソ対立／統一労働同盟構想／同盟福祉ビジョン／内包・外延論争／日本的組合主義　ほか

〈増補改訂版〉

共助と連帯
労働者自主福祉の意義と課題

高木郁朗 [監修]

教育文化協会、労働者福祉中央協議会 [編]

◎四六判／並製／344頁　◎2,500円

労働組合と労働者自主福祉事業を通じた労働組合員相互の「共助」活動および、労働組合に組織されていない労働者、子ども、高齢者などとの「連帯」が今日の日本社会のなかで重要になっていることを確認し、「福祉社会」を実現するための議論を展開する。

【内容構成)】

〈価格は本体価格です〉

連合新書

ものがたり
現代労働運動史

【全4巻】

四六判／並製

高木郁朗 ［著］　（公社）教育文化協会 ［協力］

世界と日本の激動の中で連合が結成された
1989年から2010年代に至る日本労働運動の
現代史を4分冊で辿るシリーズ。

第*1*巻 | ものがたり 現代労働運動史
1989～1993
世界と日本の激動の中で　264頁 ◎2300円

第*2*巻 | ものがたり 現代労働運動史
1993～1999
失われた10年の中で　244頁 ◎2300円

――続巻 以下、タイトルは仮題――

第*3*巻 | ものがたり 現代労働運動史
1999～2009
規制改革と格差拡大の時代　2021年 刊行予定

第*4*巻 | ものがたり 現代労働運動史
2009～2013
民主党政権の誕生とその後　2022年 刊行予定

〈価格は本体価格です〉